体质教育流派研究

万茹 ◎ 著

人民体育出版社

图书在版编目（CIP）数据

体质教育流派研究 / 万茹著. -- 北京：人民体育出版社，2023

ISBN 978-7-5009-6342-4

Ⅰ.①体… Ⅱ.①万… Ⅲ.①身体素质－健康教育－研究 Ⅳ.①G804.49

中国国家版本馆CIP数据核字（2023）第137945号

*

人 民 体 育 出 版 社 出 版 发 行
北京中献拓方科技发展有限公司印刷
新 华 书 店 经 销

*

710×1000 16开本 11.5印张 213千字
2023年11月第1版 2023年11月第1次印刷

*

ISBN 978-7-5009-6342-4
定价：62.00元

社址：北京市东城区体育馆路8号（天坛公园东门）
电话：67151482（发行部） 邮编：100061
传真：67151483 邮购：67118491
网址：www.psphpress.com

（购买本社图书，如遇有缺损页可与邮购部联系）

FOREWORD 前言

自 20 世纪 70 年代以来，我国体育理论学术界发生了一场关于"体育概念"的大讨论，在旷日持久的论争中，一些学者面对国家体委（现国家体育总局）长期以来重运动竞技的现实境况，提出了"体育是体质教育""不能误以为运动就是体育""竞技是娱乐而不是体育"的观点。这些观点提出后，有人反对，有人赞同。赞同之人不仅用理论进行声援，还通过几十年实践努力不懈地验证，这个群体就是几十年来备受争议的"体质教育流派"。"体质教育流派"手持体质教育、真义体育大旗，观点独树一帜，为我国体育事业发展作出了重大贡献。

本书以"体质教育流派"为研究对象，内容共分八章，具体如下：

第一章教育流派的基本理论，主要概述了教育流派的概念、特征及发生模式。

第二章体质教育流派产生的思想背景，重点论述了与体质教育流派产生相关的体育思想，即新民主主义"新体育"思想、"普及与提高相结合"的体育思想、"竞技体育为先导"的体育思想、"增强体质为主"的学校体育思想。

第三章体质教育流派的缘起、形成与发展，分析了体质教育流派产生的社会动因，梳理了体质教育流派的开端、构建理论、实验、融合的发展历程。

第四章体质教育流派人物关系图谱与主要观点，该部分以图表的形式直观地展现了体质教育流派的创建人、领军人、理论应援者、实验应援者及其之间的关系，并对该流派的主要观点进行了介绍。

第五章体质教育流派的代表人物，重点介绍了徐英超、林笑峰、黄震、陶德悦、吴翼鉴、杨时勉、张友龙、董安生、林诗娟、韩丹十位学者的学术观点。

第六章体质教育流派的教学实验，详细介绍了徐英超、李兴文、曲宗湖、陈智寿、邓若锋五位学者的教学实验。

第七章体质教育流派的贡献、局限与启示，客观分析了体质教育流派对我国学校体育理论的重要贡献、观点的局限性，以及对我国体育教学的启示。

第八章后续研究，重点介绍了2000年之后我国学界以"体质教育""真义体育"为专题的研究成果。

本书既可作为体育理论和学校体育研究工作者的参考用书，又可作为高等院校体育专业研究生"体育学原理"课程的参考用书。

因作者水平和时间有限，书中内容难免存在不足之处，敬请学界各位同仁批评指正。

2023年1月1日

CONTENTS 目录

第一章　教育流派的基本理论 …………………………………………… 001
　第一节　流派解读 ……………………………………………………… 001
　第二节　教育流派的概念 ……………………………………………… 002
　第三节　教育流派的特征 ……………………………………………… 004
　第四节　教育流派的发生模式 ………………………………………… 007

第二章　体质教育流派产生的思想背景 ………………………………… 009
　第一节　新民主主义"新体育"思想 ………………………………… 009
　第二节　"普及与提高相结合"的体育思想 ………………………… 011
　第三节　"竞技体育为先导"的体育思想 …………………………… 014
　第四节　"增强体质为主"的学校体育思想 ………………………… 016

第三章　体质教育流派的缘起、形成与发展 …………………………… 018
　第一节　体质教育流派概述 …………………………………………… 018
　第二节　体质教育流派的缘起 ………………………………………… 021
　第三节　体质教育流派的形成与发展 ………………………………… 026

第四章　体质教育流派人物关系图谱与主要观点 ……………………… 033
　第一节　体质教育流派代表人物关系 ………………………………… 033
　第二节　体质教育流派的主要观点 …………………………………… 044

第五章　体质教育流派的代表人物 ····· 046
第一节　徐英超——体质教育的首创者 ····· 046
第二节　林笑峰——体质教育的领军者 ····· 054
第三节　黄震——体质教育的坚定支持者 ····· 060
第四节　陶德悦——体质教育实验的推动者 ····· 062
第五节　吴翼鉴——教育家中的体育家 ····· 063
第六节　杨时勉——最早的理论应授者 ····· 068
第七节　张友龙——最早的体质教育团队成员 ····· 070
第八节　董安生——体质教育的坚定拥护者 ····· 072
第九节　林诗娟——同事中的学术盟友 ····· 074
第十节　韩丹——协同论争的战友 ····· 077

第六章　体质教育流派的教学实验 ····· 087
第一节　徐英超教学实验 ····· 087
第二节　李兴文教学实验 ····· 092
第三节　曲宗湖教学实验 ····· 101
第四节　陈智寿教学实验 ····· 121
第五节　邓若锋教学实验 ····· 134

第七章　体质教育流派的贡献、局限与启示 ····· 145
第一节　体质教育流派的贡献与局限 ····· 145
第二节　体质教育流派的启示 ····· 148

第八章　后续研究 ····· 151
第一节　关于体质教育的后续研究 ····· 151
第二节　关于"真义体育"的后续研究 ····· 166

后　记 ····· 170

参考文献 ····· 172

第一章 教育流派的基本理论

教育流派是指各种教育理论的派别，产生于教育理论的发展过程中。教育流派之间的学术争鸣、学派内的新陈代谢，有助于繁荣教育科学研究、发展与完善教育理论、丰富学术体系和话语体系。阐释、解读体质教育流派，首先要了解何为流派、何为教育流派、教育流派的特征是什么、教育流派的形成存在哪些模式。这是分析体质教育流派的理论根基。

第一节 流派解读

"流派"一词，鲜见于生活，多见于研究与创作领域。《现代汉语词典》中对"流派"的解释是"学术思想或文艺创作方面的派别"。我们也可以将其理解为学术、文化艺术等方面有独特风格的派别。流派更多是对群体在某方面（理论、思想、创作等）的独特性的词汇表达，独树一帜是其特点的真实写照。

流派的形成，源于人们对问题审视视角的差异。例如，从地域文化视角来看，我国教育有苏派、京派、浙派、海派。流派产生于理念，是自然而生的，是建立在传承、反思、发展和公信力上的。一个真正有影响力的教育流派，往往肇始于"绩"，闻达于"实"，采信于"众"，扬德于"公"。简单地说，流派被社会确认和接纳是一个漫长的过程。

从词义上看，流派包含两个基本特征，一曰"派"，即主要从横向上体现的独特性，也是与其他流派的区别所在。二曰"流"，即主要从纵向上体现的延续性，如同溪流、河流、江流滔滔不绝、日夜奔流。"派"与"流"构成一个整体，难以截然分开，但在理解和实际追求上有不同侧重[1]。

---

[1] 孙孔懿. 对教学流派未来发展的积极期盼 [J]. 江苏教育, 2010 (1): 125-127.

独特性是流派的本质与生命。任何一个流派都会有自己的是非、取舍、主次、轻重，有自己视为命脉的核心概念，并以此与其他流派相区分。流派中的"派"是自发形成的，重在"神凝气集"，不一定具备严密的组织性质与形态。从词性上看，"派"为中性词，时带贬义，包括派系、门派、宗派、派性。清代纪昀曾说"门户深固者大抵以异同为爱憎，以爱憎为是非，不必尽协于公道也。"可见"派"有消极一面，要防止它成为一种标签、一种羁绊。事实上，在流派纷呈的时代，许多人都可能处于非此非彼或亦此亦彼的状态，很难简单划分，而一些圈子之外的独立个体往往更有力量，一些最初不属于任何流派的人也能卓然成家，产生自己的独到影响，最终形成流派。

因而，真正的教学流派不太在乎一时的阵容和气势，而会注重教学思想自身的召唤力，更注重"流"字，注重教学思想的持续发展。有"派"而无"流"，只能孤芳自赏、自生自灭。流有流行、流布、流传、流芳之意，能生生不息并发展为潮流。"抽刀断水水更流"揭示了"流"之无法遏制的特征。"流"的持续过程就是"派"的自然生成过程。例如，赫尔巴特（Herbart）生前和死后一段时期，他的学说并未得到应有的重视，他曾经哀叹："我那可怜的教育学没能喊出它的声音来。"然而在他辞世20年后，他的教育思想竟在国内外赢得了一大批追随者的继承、宣传和发展完善，兴起了一场声势浩大、几乎波及全球的"赫尔巴特运动"，形成了影响深远的"赫尔巴特学派"。

第二节 教育流派的概念

解读了"流派"一词，对"教育流派"的含义就了然于心了。顾明远在《教育大辞典》中指出："教育流派是各种教育理论的派别，产生于教育理论的发展过程之中。在教育实践和教育研究中，人们提出关于教育的不同看法和主张，逐渐形成各自的体系，发展为不同的教育流派。"[1] 他同时指出："教育流派之间的学术争鸣，学派内的新陈代谢，对繁荣教育科学研究，发展与完善教育理论起积极作用。"[2] 客观地说，教育理论的发展大多伴随教育流派的发展。成尚荣先生指出："教育流派研究应是中国教育改革与发展进程中一个不可缺席的重

---

[1]顾明远. 教育大辞典 [M]. 上海：上海教育出版社，1998.
[2]顾明远. 教育大辞典 [M]. 上海：上海教育出版社，1998.

要命题。"① 我们还要明确，"教育流派是教学改革的产物，各时代都会在教育改革中应运而生各种教育流派，树起各式旗帜，彰显教育的时代意蕴和色彩。"②

对教育流派研究的众多文献稍加梳理，不难发现"教育流派"和"教学流派"两个术语出现最为频繁。教育流派侧重抽象，教学流派体现具体；教育流派重理论，教学流派重实践。二者的关系近似一枚硬币的两面，从不同角度指向同一问题。在研究中，学者们更多地直接使用"教育流派"，而不对其概念进行解读。对于"教学流派"，学者们则更倾向于定义其概念（表1-1）。

表1-1 不同学者对"教学流派"的定义

学者	"教学流派"的定义	关键点
苏春景	教学流派是指教学上的不同派别，多指教学理念相近、教学风格相似的教师在教学实践中自觉或不自觉、正式或非正式地结合在一起，并在一定范围内产生较大影响的教学派别③	（1）教学理念、教学风格相似。 （2）自觉或不自觉、正式或非正式。 （3）较大影响
吴恒山	所谓教学流派，是指不同历史时期的教学主张、教学思潮、教学风格所形成的各种教学派别，并得到人们的关注和流行④	（1）教学主张、教学思潮、教学风格。 （2）得到关注和流行
张正君	所谓教学流派，是指在教学、教改实践中涌现的具有显著风格和区域影响的教学派别⑤	（1）风格。 （2）影响
傅小悌	教学流派可以定义为：是一些教学主张大体相同，教学方法、教学风格相似的教学理论家和教师正式或非正式结成的教学派别⑥	（1）教学主张、教学方法、教学风格相似。 （2）正式或非正式
孙孔懿	教学流派是兼及教育家群体与特定教育思想两者的概念，既可以指以共同教育思想为纽带结成的教育家群体，也可以指某一教育家群体共同坚持的某种教育思想⑦	（1）共同的教育思想。 （2）群体

---

①成尚荣. 教育流派及其研究的文化阐释——以苏派教育研究为例 [J]. 中小学管理，2016（6）：4-7.
②成尚荣. 当下教学改革发展的态势与教学流派产生的可能 [J]. 教育研究，2008（3）：73-78.
③苏春景. 从教学模式改革到教学流派生成——基于尝试教学理论流派形成的个案研究 [J]. 中国教育学刊，2012（10）：45-48.
④吴恒山. 当代教学理论的发展与主要流派 [J]. 辽宁教育，2012（23）：28-31.
⑤张正君. 当代语文教学流派形成和揭因 [J]. 学科教育，1999（7）：20-23.
⑥傅小悌. 教学流派理论初探 [J]. 中国教育学刊，1998（4）：43-45.
⑦孙孔懿. 论教育家 [M]. 北京：人民教育出版社，2006.

第三节　教育流派的特征

由前述可知，从理论角度来看，教育流派是指在教育实践和教育研究中，人们提出关于教育的不同看法和主张，逐渐形成各自的体系，发展为不同的教育派别。从操作层面来看，教育流派是指教学理念相近、教学风格相似的教师在教学实践中自觉或不自觉、正式或非正式地结合在一起，并在一定范围内产生较大影响的教育派别。

无论是从理论角度来看还是从操作层面来看，都不难发现教育流派的构成有五个内在特征，或者说有五个识别的标志，具体如下。

一、领军人物与团队

教育流派是一个派别，派别往往是一个团队，无团队难以形成"派"，无团队也难以入"流"。事实上，教育流派主要是指以共同的教学主张为纽带组成的"群体"，其形态往往是研究和实践中形成的团队。无论个体的教育主张多么先进、操作体系多么完备，如未形成团队，都不能称其为流派，只能称其为教学风格。教学风格往往是个体的，而教学流派是由教学风格相近、相似的教师组成的派别。

强调流派的团队性，并不否认流派中个体的作用，尤其是核心人物的作用。教育流派一般是由某个人或某些人创立的，他们可称为流派的领军人物或流派的领袖。作为教育流派的理论带头人，其提出本教育流派的基本主张，建立教学实际操作系统的整体框架，对教育流派的形成做出奠基性的贡献。但是，个体孤掌难鸣，教育流派的形成还必须有一批合作者。这批合作者或是核心人物的追随者，或是研究的参与者，或是研究的后继者。在教育流派形成和发展的过程中，合作者用心实践流派的教学主张、验证流派操作体系的可行性、扩大研究的范围、延伸研究的时间，同时在研究中丰富、完善和发展该流派的内涵，扩大流派的影响。正因如此，"流派"是可"流"的，是可延续的、可持续发展的。

可见，教育流派的问题归根结底是人的问题，且教育流派意义上的"人"是复数的。教育专家成尚荣曾指出："教学流派的深处是人，教学流派研究的实质是关于人的研究,教学流派研究是为了育人。"① 石文美也认为:"流派是人的集合,更是人的创造。"②

二、相同的教学主张

教学主张是教育流派的内核,是教育流派的理论支撑和形成的重要基因。缺乏教学主张,或者教学主张不鲜明、不坚定,就不可能形成教育流派。教学主张也是该教育流派区别于其他教育流派的重要特征,教育流派的差异性主要表现在不同的教学主张上。

教学主张是教育思想的具体化,是教育观点的梳理、整合、概括和提升,是在理论指导下在实验和研究中逐步形成的教育理念、理想、价值、立场的"合金"。教学主张是个性化的、独特的教学见解,但比一般的教学见解更为稳定,具有系统性、深入性、统领性。因此,教学主张从整体上表现了教育者或学者理性思考的深度和教育理想追求的高度。一言以蔽之,教学主张表现了教育者或学者"教育自觉"的程度,也是教学是否成熟、是否优质的重要标志,同时是衡量教学风格、教学流派是否形成的重要标志。成功的、有影响的教学流派均有鲜明、独特、坚定的教学主张。

事实上,维系理论带头人与追随者、实践者关系的正是他们在理论上和实践上共同信奉的教学主张,他们把这种主张体现在相似的教学风格和教学模式上,使自己有别于其他教育流派。同一教育流派内,可以在教学方法、形式、特色等方面存在一些差别,但是必须在主要的教学理论上持有一致的观点和方法,否则就不能成一个流派。同理,一个教学流派可具有与其他教育流派相似的特征,反映共同时代的烙印,或者有同种文化的"积淀",或者是不同理论间的传承。但是,一个教育流派存在的依据是其在教学主张、风格、方法上与其他教学流派的差异,这是一个教育流派新颖独特的地方。

对于教师而言,教学主张是教学思想的具体化,表现为学科化和个性化。所谓学科化,是教育思想与学科特质相融合,或者说教学主张是教育思想在学科教学中的凝练和具体呈现,而学科教学的核心理念折射出教育思想。所谓个性化,是指教学主张总是充溢着领军人物对教育思想、学科教学的个人理解。因此,教

---

① 成尚荣. 流派观察 [M]. 上海:华东师范大学出版社,2018.
② 石文美. 闽派语文的兴起和形成 [J]. 福建教育学院学报,2011,12 (5):8-14.

学主张具有独特性。我们常说领军人物是流派的灵魂，其实这一灵魂是指他们倡导的教学主张把成员凝聚在一起。教学主张就是研究团队的核心价值观，以及由此构建的共同愿景。从学术的角度来看，教学主张代表教学流派的支撑性理论及学术含量。走向成熟的教学主张有可能成为一个研究团队的理论制高点。没有自己的教学主张就不可能诞生真正的教育流派。

三、具体的操作体系

教育流派不仅是一种教育理念，还必须转化为教学行为。教育流派应是可操作的，如果缺乏可操作的教学策略方法，那么即使理论再先进、主张再坚定，都不可能形成流派。操作体系须经过长期的实践、不断的提炼。教育流派的诞生、发展离不开操作体系。教育流派须构建教学模式，让教师在相对稳定的操作过程中可学可做，使教学措施落到实处。

四、重要影响

毋庸置疑，一种教育流派如果没有产生广泛而重要的影响，就不能称为教育流派。这种影响要在较大范围内，而这一范围没有固定的标准。重要影响是对实践的影响和对理论建设的影响。对实践的影响，更多是由广大教师的认可度来决定的，如教师欢不欢迎、接不接受、能不能被吸引自觉参与教改实验。对理论建设的影响，主要由专家、学者的认可度决定，如在理论上能不能站得住、在理论上有何创新和贡献。影响不是短时间能产生的，改革实验要经过长时期的实践，既要经得起实践的检验，又要经得起理论的检验。

五、教育流派存在方式可以是正式的，也可以是非正式的

比较成熟的教育流派结成规范的正式团体，有公众认可的名称、明确的章程、共同的探索目标、完整充分的内部交流方式。在成熟的教育流派内部，成员的观点相似，接受大致相同的理论，共同探索最新的问题，发挥各自的特长和能力，开拓新的研究领域，协作配合发展本流派的理论和方法。由于客观或主观条件的限制，教学流派也可以以非正式方式存在。这样的教学流派虽然已产生理论带头人，但其与追随者、实践者的联系较为松散，既没有一定的学术交流形式，也不存在完整的组织机制，发展较为迟缓。

以上五个方面形成一个结构，相互联系、相辅相成，是一个不可割裂、不可或缺的整体。同时，五者并没有次序上的规定，不同教育流派的诞生有不同的发端，发端的多样带来教育流派的特色。

同时，根据以上特征，我们可以判断某种教育理论是否达到"流派"程度、是"潜"教育流派还是"显"教育流派。如果某种教育理论的主张和方法具备上述条件，就是一个"显"教育流派，即成熟的教育流派，它在理论上已确立体系，在实践上产生实际影响；如果只具有上述某些特征，就只能称为"潜"教育流派，也就是不规范的、有待成熟的教育流派。"潜"教育流派只有努力探索、健全自身的结构和特征，才有可能成为真正的教育流派。

第四节 教育流派的发生模式

有人可能会问："教育流派是怎样形成的呢？"事实上，教育流派的发生有三种基本模式。

模式一：由一些教学理论家和教师自发形成。他们没有明确一致的教学观点，也没有固定的团体联络，甚至这些教学理论家和教师当时没有或未能意识到他们建立了或属于哪个教学流派，只是后世在总结其教学理论发展过程时，把他们的教学主张和方法概括起来，明确为某一教学流派，如我国古代的儒家教学流派。

模式二：在一定的社会历史条件下，一些有共同的教学理论主张、倡导某种教学风格或者教学模式的教学理论家与教师自觉地结合起来。他们宣传和深化独树一帜的理论观点，建立研究基地或实验学校，有一定的研究组织协作机构，并经常开展学术研讨活动，甚至发行研究刊物。这种有宗旨、有组织、有协作的教学理论与实践的研究共同体就是严格意义上的教学流派，如苏联赞可夫（Zankov）的发展性教学流派、美国布鲁姆（Bloom）的掌握学习教学流派。我国当代的一些教学改革实验与研究，如卢仲衡的数学自学辅导实验等就具有这些特征。

模式三：初期各成员分散在各自的教学理论或实践领域中，独立探索某种教学方法、风格、理论，后期大家都意识到相互之间在教学理论观点上比较接近，在教学风格上比较类似，对教学改革与发展的方向也有共同的看法，因而聚在一起，交换各自的看法，讨论彼此感兴趣的问题，达成共同的见解，提出一套较为完整的理论和方法体系,从而结成一个自觉的教学流派,如苏联的合作教学流派,三次著名的会晤使他们从各地走到一起,三份有影响力的报告促成一个新教学流派的诞生①。

正如滕英超先生所言:"教师处在相同的时代,他们中间的一些人,教学风格相近或相似,有这样那样的连接点、一致性,自愿结合,共同研讨、砥砺前行,或是并没有什么组织,只有相互影响,一种流派就这样形成了。"②

---

①傅小悌. 教学流派理论初探 [J]. 中国教育学刊,1998 (4):43-45.
②滕英超. 中学语文教坛风格流派录 [M]. 沈阳:辽宁教育出版社,1994.

体质教育流派产生的思想背景

任何事物的发生、发展，都同它所处的时代及历史的累积直接相关。20 世纪 80 年代以后逐渐形成的体质教育流派不是横空出世的，而是中华人民共和国成立后体育思想发展到一定阶段的必然产物。因此，考察体质教育流派的缘起与发展，必须重新置身于造就它的时代，细细分析，方知体质教育流派从何而来、为何而来。

第一节 新民主主义"新体育"思想

新民主主义体育思想是新民主主义思想的组成部分，它随着"五四"新文化运动"无产阶级领导的人民大众的反帝反封建的文化"的发展而产生，是近代中国体育发展的产物。新民主主义"新体育"思想（以下简称新体育思想），是在继承新民主主义体育思想的基础上应运而生的，是指导中华人民共和国成立初期体育发展的重要理论依据。"新体育"思想的内容主要包括以下三个方面。

一、体育为人民服务

中华人民共和国成立后，"大众"被"人民"替代，这里的"人民"包括"中国工人阶级、农民阶级、小资产阶级、民族资产阶级及其他爱国民主分子"。

1949 年 10 月 27 日，中共中央军事委员会副主席、中华人民共和国副主席朱德在中华全国体育总会筹备会议上提出，"过去的体育是和广大人民群众脱离的，现在我们的体育事业，一定要为人民服务，要为国防和国民健康服务。"

"体育为人民服务"的具体体现就是把"为少数人服务，供少数人玩赏，同广大人民脱离"的旧体育，变成"普及到广大群众中去"的体育，"使体育成为为人民的体育运动","反对为体育而体育,脱离实际,脱离人民的思想和办法"。

二、发展体育运动,增强人民体质

体质的强弱,是中华民族能否自立于世界民族之林的一个重要标志。因此,继确立"体育为人民服务"的思想之后,1952年6月10日,毛泽东为中华全国体育总会成立题词"发展体育运动,增强人民体质"。毛泽东主席的题词明确和规定了体育的目的和任务是"增强体质"。

1953年,国家体育运动委员会主任贺龙在全国体育工作会议上进一步明确了"增强体质"的重要性,他说:"我们今天搞体育,把人民的体质搞好,是为了使学生不缺课,工人不缺勤,战士的手榴弹扔得远些,同敌人拼刺刀时勇气更足一些,使害神经衰弱症的减少一些。因此,各级体委必须善于抓住开展基层体育运动这个中心环节,善于进行组织工作,把我们有限的力量,使用到最主要的地方去。"[1]

1954年,中共中央把"改善人民的健康状况,增强人民体质"提高到"是党的一项重要政治任务"的高度,这对于在全党和全国人民中强化对"增强人民体质"重大意义的认识起到了积极作用。

增强人民体质作为当时党的一项重要政治任务,是现实社会面临的一个重要问题。这是每个中国公民在获得了政治权利、经济状况逐渐改善、文化教育和文化生活上不断变化进步的同时,发自心底的要求和目标。

三、使体育运动普及和经常化

在"新体育"为人民健康服务、增强人民体质的思想下,为了保证新体育的任务和目标实现,1951年冯文彬在全国篮、排球比赛大会上向全体运动员和体育工作者的报告提纲中,提出了"使新中国的体育运动成为经常的广泛的运动"[2] 的指导思想,并把这一思想作为当前开展体育运动的具体工作方针。

团中央军体部部长、全国体总秘书长荣高棠在1952年所作的《为国民体育的普及和经常化而奋斗》的工作报告中,对这个工作方针进一步阐述说:"我们

---

[1] 总参谋部编写组. 贺龙传 [M]. 北京:当代中国出版社,1993.
[2] 冯文彬. 使新中国的体育运动成为经常的广泛的运动 [J]. 新体育,1951(12):2.

今后的工作方针应该是：在现有的基础上，从实际出发并与实际相结合，使体育运动普及和经常化，积极地'发展体育运动，增强人民体质'，为加强生产建设和国防建设而服务。"中心的任务则是"大力开展学校、机关、工厂、部队、农村等基层单位经常性群众性的体育活动"[①]。

第二节 "普及与提高相结合"的体育思想

中华人民共和国成立之初，百废待兴，不但人民体质羸弱，而且国防、生产急需身体强健之国民。因此，"体育为人民服务""发展体育运动、增强人民体质""体育运动普及化、经常化"作为"新体育"的三项重要内容，被党和中央明确提出并贯彻实施。

可以说，从中华人民共和国成立至1952年的赫尔辛基第15届奥林匹克运动会（以下简称奥运会），努力推进大众体育的普及和经常化，是体育工作的指导思想和具体工作方针。中华人民共和国的体育事业本可以以"发展体育运动、增强人民体质"为主线继续展开，但是在第15届奥运会之后又有了新的开始。

一、"普及与提高相结合"的提出

1952年，中国首次派出体育代表团赴芬兰首都赫尔辛基参加第15届奥运会，尽管成绩不佳，但是中国体育代表团在奥运会期间积极参加社交活动，以此增进与各国人民的了解和友谊，宣传中国。赫尔辛基奥运会后，我国认识到体育运动水平对中国在国际上的地位有着重要的影响，必须提高运动技术水平以适应国际体育交往的需要[②]。

因此，在普及的基础上迅速提高运动技术水平越来越受到重视，在实现"发展体育运动，增强人民体质"的目的及在普及和经常化方针指导下，全国群众体育活动保持蓬勃发展势头，同时在体育工作中怎样提高运动技术水平被提上议事日程，最终形成了旨在促进我国体育全面发展的"普及与提高相结合"方针[③]。

也就是说，在1952年第15届奥运会之前，在"普及和经常化"体育新思想

[①] 荣高棠. 为国民体育的普及和经常化而奋斗 [J]. 新体育，1952（21）：16.
[②] 崔乐泉，杨向东. 中国体育思想史（现代卷）[M]. 北京：首都师范大学出版社，2008.
[③] 崔乐泉，杨向东. 中国体育思想史（现代卷）[M]. 北京：首都师范大学出版社，2008.

的指导下,推进群众体育的普及和经常化是我国体育工作的唯一任务,自我国组织体育代表团参加第15届奥运会后,体育工作的指导思想发生了变化。

当时,体育运动仍然以普及为基本目标,但普及不是唯一目标,提高运动技术水平、在国际交往和国际运动会中取得好成绩、为提高中国的国际地位服务,也开始成为基本目标。与之相对应的是,组织长年集训的代表队成为实现体育任务的基本方法之一,其地位日益重要。代表队、群众体育从此成为体育工作的两大重点。为适应上述转变,体育领导制也发生了重大变化,由群众组织(青年团)领导转变为由国家体育行政机关(体育运动委员会)领导,这种集中程度更高的组织管理体制是保证运动技术水平迅速提高和国际体育交往扩大所必需的[①]。

1952年2月,中共中央组织部和共青团中央联合发出《关于选拔各项运动选手集中培养的通知》,其重要意义在于:它表明国家开始把体育(竞技体育)与"国家地位"联系在一起[②]。

二、"提高"超过"普及"

从对普及与提高关系的认识上看,1956—1959年"提高"的重要程度开始超过"普及",这种认识在专职体育工作者的研究,国家体委的有关通知、报告中均有所反映[③]。

1. 体育工作者认为,多数体育职能部门的主要精力是抓提高、抓少数运动队,而忽视了普及性群众体育

1957年在全国开展的"大鸣大放"中,《新体育》和《体育文丛》杂志就体育界的"鸣""放"问题,邀请首都的一些体育专家、体育工作者举行了座谈会,并先后刊登了很多有利于中国体育事业进步和发展的批评建设文章。这些文章反映了体育界的一些主张和思想观念。

学者们认为,体委的主要工作重点只放在运动竞赛上,轻视群众体育,轻视体育教育,注重对优秀运动队和优秀运动员的培养,"而对待我国体育教育制度基础的劳卫制和开展群众体育运动的基层团体组织等工作却是非常草率的,甚至

---
① 崔乐泉,杨向东. 中国体育思想史(现代卷)[M]. 北京:首都师范大学出版社,2008.
② 崔乐泉,杨向东. 中国体育思想史(现代卷)[M]. 北京:首都师范大学出版社,2008:53.
③ 崔乐泉,杨向东. 中国体育思想史(现代卷)[M]. 北京:首都师范大学出版社,2008:54.

不惜用最简单的强迫命令的方法。重视运动竞赛工作是正确的，忽视群众体育工作是错误的"①。在实际工作中，并未真正把提高运动技术、培养优秀运动员和抓好群体工作、广泛增强人民体质同等对待②。

著名体育家董守义先生在《新体育》上发表了《体育工作中的几个问题》③一文，指出，体委应该主要抓什么？从国家体委到地方体委，"把运动队的胜负作为评判体育工作成绩的标志"，省、市体委斤斤计较全国竞赛中的名次，而忽略体育运动的普及工作，由于"胜负重于一切，输赢成为运动员思想上一种沉重的负担。"体委"为了锦标，把主要精力投入少数人的运动队而忽略群众性体育运动的开展就不对了。"董守义认为体委只重视名次、抓竞技而忽视青少年运动员的思想品质教育，是很大的失误。

2. 在管理体制上，进一步明确省级以上体委侧重抓"提高"

1959 年，国家体委就运动训练问题做出了优秀运动队的管理训练由国家、省（市、自治区）体委负责，省市以下的各级体委负责业余训练的安排；1962 年，再次强调省以上的体委将体育工作的重点放在抓提高工作方面。尽管在 1963 年国家体委也曾要求各级体委加强对群众体育的领导，但同时强调省以上体委"工作重点仍然放在运动训练方面"，抓好提高。省以上体委侧重抓提高，省以下体委主要抓群众体育的分工在一段时间内基本没有变④。

3. 运动竞赛的主要任务由"推动群众体育发展"向"提高运动技术水平"转变

中华人民共和国成立之初，我们把运动竞赛作为推动群众体育活动的手段，以此来吸引、组织群众，宣传、推广体育活动。1959 年，国家体委规定全国性竞赛主要根据重点项目的优秀运动员提高运动技术的需要来安排。运动竞赛的主要任务发生了变化。1965 年，国家体委举办竞赛活动的着眼点主要放在提高运动技术水平上。这些变化反映出"普及"与"提高"已开始分离。实施主体分为省以上体委侧重抓"提高"，省以下体委主要抓"普及"；活动主体分为专业与业余，专业队伍的训练、竞赛与人才选拔都自成系统，并逐步与业余队伍拉开

---

①崔乐泉，杨向东. 中国体育思想史（现代卷）[M]. 北京：首都师范大学出版社，2008.
②编辑部. 坚决的"放"，大胆的"鸣"[J]. 新体育，1957（9）：3.
③董守义. 体育工作中的几个问题[J]. 新体育，1957（13）：9.
④崔乐泉，杨向东. 中国体育思想史（现代卷）[M]. 北京：首都师范大学出版社，2008.

距离，与一般群众体育脱钩；任务主体分为提高运动技术、为国争光与增强人民体质、促进生产建设。

第三节 "竞技体育为先导"的体育思想

1978年12月18—22日，中国共产党十一届三中全会在北京举行，会议的中心议题是讨论从1979年起把全党工作重心转移到社会主义现代化建设上来。

根据党的十一届三中全会的精神，国家体委于1979年2月初在北京召开了全国体育工作会议，主要讨论了体育工作重点转移的问题。该会议提出，必须及时、果断地从过去集中精力抓政治运动转到抓体育业务工作上来，转到攀登世界体育高峰上来。具体地讲，就是要在新的时期，加速实现《1978全国体育工作会议纪要》中提出的"在本世纪内成为世界上体育最发达国家之一"的奋斗目标。该会议具体指出："鉴于运动技术水平落后已成为薄弱环节，而参加1980年奥运会的任务又迫在眉睫，我国一些项目的成绩还达不到奥运会报名标准。因此，今明两年，国家体委和省一级体委要在普及与提高相结合的前提下，侧重抓提高。"①

这就是说，根据我国体育重返国际体坛的现实与我国运动技术实际水平极不适应的情况，国家体委做出了省以上体委侧重抓提高的战略决策，把解决运动技术落后的薄弱环节作为体育工作的重点。

在1980年初召开的全国体育工作会议上，在给中央的请示报告中提出，将加速提高我国运动技术的整体水平作为今后一个时期内体育工作的主要任务。报告中提出："在我国，体育纳入国家计划，能够运用社会主义制度的优越性，实行集中统一的领导，调动各个地方和各个方面的积极性，按比例、有重点地分配财力、物力。这样就能在经济比较落后的情况下，使体育上走得快一些。"②

会议认为：体育战线应抓住当前工作的重点，为中长期规划的实现打好基础。体育界必须在统筹安排的基础上突出重点。会议肯定了1979年确定的省一级以上体委继续在普及与提高相结合的前提下，侧重抓提高的部署，提出了"力争在今年奥运会上进入总分前10名，在1984年奥运会上进入总分前6名"的目

---

① 熊晓正. 从"普及与提高相结合"到"各类体育协调发展"[J]. 体育文史, 1997 (5): 18.
② 国家体育委员会. 中华人民共和国体育运动文件汇编[M]. 北京: 人民体育出版社, 1955.

标，并提出了"在20世纪80年代根本改变我国运动技术水平的落后状况，使我国体育在全世界放异彩"的愿景①。

这个报告奠定了20世纪80年代以发展竞技体育为先导、带动体育事业全面发展的战略思想。从认识基础来看，选择"竞技体育为先导"，省市以上体委把工作重点放在提高运动技术水平方面，主要有以下两个依据。

第一，在20世纪80年代，不少体育理论界学者认为，竞技体育的发展速度取决于国民经济综合实力，群众体育的发展速度取决于国民经济的人均水平。我国国民经济人均水平较低，地区发展不平衡，相当一部分人尚需解决温饱问题，因此群众体育要在一个较短的时间内取得较大的发展难度很大。而我国国民经济综合实力经过几年的快速发展，在国际排名日益趋前，虽然国家对体育事业投入总量不足，但将这笔经费集中应用于发展竞技体育上，形成"举国体制"，是可以有所作为的。与其平均使用、低水平同步，不如集中使用、重点突破。这正是社会主义国家优越性的体现。

第二，报告中总结的第六点经验是："在党的领导下依靠大家办体育"。报告中指出，历史经验证明，一定要在党的领导下各方面分工合作来完成这项工作，单靠体委是不行的。尤其要加强同教育、卫生、工会、共青团、妇联等各部门的密切合作。学校体育主要靠教育部门领导，职工体育主要靠工会组织，体委的任务是根据党和政府有关部门的体育方针、政策，大力配合其开展工作。也就是说，群众体育逐步转向各行业、各部门主办为主，各行各业、各部门应承担起组织领导本部门、本单位体育工作的责任，各级体委主要进行协调、指导工作。体委的工作重点放在抓好竞技体育、提高运动技术水平方面。

正是基于以上两方面的认知，在给中央的请示报告中，就加快提高运动技术水平制定了三项措施：第一，调整运动项目的重点布局，项目设置尽可能与奥运会对口，并突出重点；第二，按照奥运会比赛项目设置项目，调整全运会项目设置，使全运会和奥运会的任务一致；第三，改革、完善训练体制，按照思想一盘棋、组织一条龙、训练一贯制的要求，从项目、选材、训练方面层层衔接，调整好一、二、三线队伍。

因此，从1980年开始，我国的体育工作按照上述思路进行了全面整改，初步形成了以发展竞技体育为先导、带动体育事业全面发展的战略布局。

---

①国家体育委员会．中华人民共和国体育运动文件汇编［M］．北京：人民体育出版社，1955．

第四节 "增强体质为主"的学校体育思想

一、"增强体质为主"的提出

1978年3月,教育部颁发了《小学体育教学大纲》《中学体育教学大纲》,大纲中重申了"以有利于增强学生体质为准则",强调了中小学体育的主要任务是增强学生体质。其中指出,在安排体育教材时,应以锻炼身体效果好、方便教学的教材为重点教材,反复出现,逐步提高要求;有些简单易行、发展身体素质有效的教材,要争取"课课练",使之达到适当的密度和运动量。

大纲中确定的体育教学目标有三个:一是增强体质的目标,二是知识技能的目标,三是思想品德的目标。对于增强体质的目标表述是:"根据青少年的特点,有计划有组织地锻炼学生的身体,促进他们身体的正常生长发育和机能的发展,全面地发展身体素质和人体的基本活动能力,提高对自然环境的适应能力,以收到增强体质的实效。"这部大纲初步体现了"以增强学生体质为主"的学校体育思想。

1978年4月14日,教育部、国家体委、卫生部联合下发的《关于加强学校体育、卫生工作的通知》中指出:"要根据各地不同情况,积极推行《国家体育锻炼标准》,广泛地开展群众性体育活动。"1979年3月,国家体委在《关于加强群体工作的意见》中指出,学校体育是关系两亿多青少年学生健康成长的大事,对于增强我国人民体质、提高我国运动水平具有重要的战略意义,必须重点抓好。

1979年5月5—22日,教育部、国家体委、卫生部、共青团中央在江苏省扬州市召开了"全国学校体育卫生工作经验交流会议",在会议上基本确立了"增强体质为主"的学校体育思想。

会议纪要中指出,我们必须坚持"三好"的方针,正确处理德、智、体三者的关系,纠正忽视体育卫生工作的思想,摆正体育卫生工作的位置,切实把学校体育卫生工作搞好,使学校培养出来的人才能为祖国健康工作50年。会议认为,学校开展体育卫生工作的根本目的在于增强学生的体质,要从实际出发,认真上好体育课,抓好每天一小时体育锻炼。

1979年10月5日,教育部与国家体委发布了《中小学体育工作暂行规定》(试行草案)、《高等学校体育工作暂行规定》(试行草案)。这两个文件中规定了学校体育的基本任务和评定标准。其中基本任务第一条就是"指导学生锻炼身体，增强体质"；评定标准是"评定中小学体育工作的成绩，最根本的是看学生体质是否有所增强"。

1982年10月上旬，教育部部长何东昌在体育司工作汇报会上，就如何抓好学校体育卫生工作做了重要讲话。他重申了毛泽东在20世纪50年代的"健康第一"和"发展体育运动，增强人民体质"的指示并没有过时，强调学校在安排工作时，如果碰到了与健康有矛盾的情况，则要坚持健康第一，学校体育在指导思想上要坚持三个为主，即以增强学生体质为主、以普及为主、以经常锻炼为主。

1983年5月20—29日，为总结1979年扬州会议以来学校体育卫生工作取得的成绩和存在的问题，部署今后的工作，教育部在西安召开了全国学校体育卫生工作会议。

会议上指出，学校体育教育的根本任务是增强学生体质和提高健康水平，进一步确定了学校体育工作"四个为主"的指导思想，即在学校体育卫生工作的指导思想上，应该进一步明确以增强体质为主；在处理普及和提高的关系上，要面向全体学生，以普及为主；要坚持经常锻炼为主，保证学生每天有一小时的体育活动；卫生工作要以预防为主[①]。很明显，"四个为主"的核心是"增强体质"。这标志着"增强体质为主"的学校体育思想得以确立。

二、"增强体质为主"的初步实施

"增强体质为主"的学校体育思想确立以后，学校体育工作出现了新的局面。据不完全统计，1978年全国有443950所大中小学坚持两课、两操、两活动。1982年6月12日，教育部下发了《关于保证中小学生每天有一小时体育活动的通知》，内容包括每天坚持眼保健操和课间操（或早操）；每周上好两节体育课；凡没有体育课的当天，都要安排一次课外体育活动。

这一时期的体育课教学强调以身体锻炼为主，体育教学课内容宜少、宜简，不主张将竞技项目作为锻炼身体的教材。为此，相关部门在教材中把发展身体素质的教材单独列为一项，形成自己的体系，强调选择的教材必须对增强体质具有直接的效果。在教法上，相关部门提出对锻炼身体效果较好且较为简易的内容要"课课练"，把体育课的教与学扩展为教、学、练，提出了每堂课都要有适当的密度和生理负荷量，并且把发展素质和基本活动能力的教材列为考核项目。

---

①李晋裕. 学校体育史［M］. 海口：海南出版社，2000.

体质教育流派的缘起、形成与发展

第三章
CHAPTER 03

体质教育流派是学校体育界的一股清流，它立足于我国青少年体质健康发展的迫切需要，基于重运动竞技的现实境况，因提出"竞技是娱乐而不是体育"等观点而备受争议。尽管如此，体质教育流派依然用自己的理论和实践为我国学校体育研究做出贡献。本章主要介绍体育教育流派的缘起、形成与发展。

第一节 体质教育流派概述

教育的丰富性来源于教育流派的多样性。教育流派是在一定历史时期内某些具有相同或相近的政治倾向和教育理想的教育工作者，为提倡和推行某种教育主张而形成的派别[1]。教育流派有五个基本要素：一是理论基础，即对教育、教学本质及其规律的独特理解，有其独特的教学主张和代表著作；二是有重大影响的学科带头人，且在其教育主张的引领或影响下，自觉或不自觉地聚集了一批志同道合的人，形成了有着相似的教育理念和教育风格的教育共同体；三是有一套操作体系和基本策略，形成有特色的教学程序或环节；四是重要影响；五是以正式或非正式的形式存在。

我国体育理论学界的部分学者面对国家体委长期以来重运动竞技的现实境况，提出了"体育是体质教育""不能误以为运动就是体育""竞技是娱乐而不是体育"的观点。这些观点提出后，有人反对，有人赞同。赞同之人，不仅用理论研究进行声援，还通过几十年的实践来验证这些观点。这个群体就是备受争议的体质教育流派。之所以称其为"体质教育流派"，是因为它符合教育流派的诸多特征。

---

[1] 洪明. 现代新儒学教育流派研究 [M]. 广州：广东教育出版社，2009.

一、有共同的教育主张

体质教育流派的核心观点主要集中在对体育（Physical Education）概念及体育与运动、竞技的关系的认知上。体育的本义是身体的教育，是增强体质的教育，是教育学的一个概念；体质教育是提高人体质量的教育，体育是在学校里设置课程，由教师运用教材和教法对学生进行体质教育，进行体质健康的教育；不能误以为运动就是体育；竞技（Sport）不是体育，体育不是竞技；体育课应该教授健身的手段及应用方法。

二、有重大影响的学科带头人，且在其教育主张的引领或影响下，形成了有着相似教育理念的教育共同体

体质教育流派的领军人物是徐英超和林笑峰，他们在国内学校体育界的学术地位很高。自1979年徐英超率先提出"体质教育"命题①，20世纪80年代林笑峰提出体质教育理论后，形成了一支长期致力于体质教育研究的学术队伍，有黄震、陶德悦、吴翼鉴、董安生、杨时勉、张友龙、林诗娟、韩丹、李兴文、陈智寿、邓若锋等学者，他们不断从理论和实践角度对体质教育进行论证、补充和完善。同时，华南师范大学、肇庆学院、广东工业大学、山西农业大学、山西师范大学等学校更是从教学实验的角度对体质教育加以验证。

三、有一套操作体系

体质教育流派主张体质教育思想，主张运动形式简单易行，将锻炼方法、锻炼原则和运动形式相结合，以体质增强为主要评价标准。该思想具体到实践中，形成了一套相对稳定的操作体系，具体如下：①明确目标和考核标准，进行起点记录。②根据"健身效果好、简单易行"这一要求，对现有的竞技类和非竞技类运动进行教材化加工。③将加工后的教材与锻炼方法（重复、连续、间歇、变换、综合、巡回）、锻炼原则相结合，作为教学内容并进行教学。④进行学年记录与统计分析。

---

①徐英超先生对体质教育思想的最早表述是在扬州会议的报告中：体育是在学校里设置课程，由教师运用教材和教法对学生进行体质教育，进行体质健康的教育，使学生成为身体和精神都健康的人。

四、对我国体育改革产生了重要影响

"体质教育"和"真义体育"是体质教育流派在理论上提出的两个重要概念,也是该流派的认知基石。

徐英超明确指出体育的要义就是体质教育,包含身体和精神双重内涵。在这一"共识"的基础上,1979年由徐英超发起[1],教育部、国家体委、共青团中央、卫生部联合召开的"全国学校体育卫生工作经验交流会议"(以下简称"扬州会议")[2],开创了四部委共同关切青少年体质健康的先河,是对综合联动解决学生体质问题的有益探索[3]。同时,体质教育思想也对体育本质的认识产生了积极影响。1978年5月,国务院对国家体委的全国体育工作会议纪要的批语中指出"发展体育运动,是增强人民体质,振奋革命精神,进行共产主义教育,增进世界各国人民团结友谊的重要手段,是一项重要政治任务"[4]。1978年出版的《辞海》,将体育定义为"体育是增强体质、促进身体健康的一种手段。"[5] "增强体质"是同时期体育工作者公认的目标。此后,以"体育概念之争"为主题的"烟台会议"开启了关于体育本质的新一轮大讨论。进入21世纪,关于体育本质的探索已经深入生存论与发生学层面[6]。这些探索或角度不同,或维度相异,但在体育通过"育体"而"增强体质"的基本理解上与体质教育思想一致[7]。

真义体育的提出者是林笑峰,他一生追寻体育的真义,从独解真义体育到践行体质教育,再到创建健身教育学说,其独特的学术思想对中国体育的发展具有不可磨灭的贡献。真义体育的提出,为当时封闭的体育界开启了一扇窗户,让学者们看到了窗外的体育世界。林笑峰所作的大量的外部体育世界的介绍,使人们

---

[1] 郭秀文,梁诚,张连磊. 徐英超体质教育思想与理论体系的再审思[J]. 北京体育大学学报,2020(7):135-144.
[2] 1979年5月15—22日,教育部、国家体委、卫生部和共青团中央在江苏扬州召开了"全国学校体育卫生工作经验交流会议",这次会议是中华人民共和国成立后规模最大的一次学校体育卫生工作会议,使学校体育指导思想从"文革"时期高度政治化的拘囿中解放出来,确立了学校体育的教育地位与育人价值,对后续学校体育卫生工作的开展有重要的推动作用。
[3] 20世纪80年代,我国迎来学生体质上升的"黄金十年"。
[4] 王汝英. 关于体育的概念[J]. 体育科学,1982,2(4):25-30.
[5] 辞海编辑委员会. 辞海[M]. 上海:上海辞书出版社,1979.
[6] 梁诚. 体育本质的生存论与发生学阐释[J]. 体育科学,2018,38(1):71-78.
[7] 郭秀文,梁诚,张连磊. 徐英超体质教育思想与理论体系的再审思[J]. 北京体育大学学报,2020(7):135-144.

开拓了视野,发现体育还有更多的理论、模式,形成了一种突破封闭和狭隘意识的潮流或社会力量①。真义体育的阐释与体质教育学说的建立,为大众开启了一扇正确对待体育的窗口,直接拉近了体育与大众的距离,让体育回归到为人民服务、增强人民体质的本源,促进人的健康发展。在实践领域,全民健身计划的出台与实施、奥运争光计划与全民健身计划的协调发展、"健康第一"学校体育思想的确立、体教结合模式的施行、体育与健康课程的改革与实施等无不体现出真义体育思想的影响②。

五、以非正式的形式存在

就体质教育流派而言,虽然旗下持共同教育主张——体质教育论的学者众多,但并未结成规范的正式团体,更没有所谓的章程及完整的组织机制。体质教育流派的学者群体更多以学术期刊、学术交流会为平台,就体质教育问题进行观点的交流、碰撞。

第二节 体质教育流派的缘起

任何教育流派都是特定时代的产物,体质教育流派出现的社会动因主要缘于以下矛盾。

一、"新体育"思想对人民体质的关注和国家体委重竞技的矛盾

中华人民共和国成立初期,强调"体育为人民服务""发展体育运动,增强人民体质"③。然而,1952年赫尔辛基奥运会后,我国认识到体育运动水平对国际地位有着重要影响,"竞技体育"与"国家地位"开始联系在一起。1956年以后,"提高"的重视程度开始超过"普及",体委领导"把运动成绩的胜负作为评判工作好坏的标准"④。

虽然批评声不绝于耳,但鉴于"竞技"对提高国际地位的重要性,1962年

---

① 韩丹.林笑峰先生体育思想评析[J].哈尔滨体育学院学报,2014(1):1-12.
② 关丽静,李宁.林笑峰体育思想的特征及时代价值[J].体育学刊,2015(1):9-13.
③ 崔乐泉,杨向东.中国体育思想史(现代卷)[M].北京:首都师范大学出版社,2008.
④ 编辑部.坚决地"放"大胆地"鸣"[J].新体育,1957(10):2.

国家体委还是明确提出了省一级以上体委将体育工作的重点放在抓"提高"方面。1979年，国家体委在《1978全国体育工作会议纪要》中提出"国家体委和省一级体委要在普及与提高相结合的前提下，侧重抓提高"①。为了扭转国家体育重心偏向"提高"的现状，有些体育工作者提出了"不能误以为运动就是体育""竞技不是体育""不要认为抓了竞技之后就等于抓了体育"的观点②。

（一）"不能误以为运动就是体育"

"不能误以为运动就是体育"是徐英超提出的观点。

1978年12月，徐英超指出："'运动'是什么呢？运动是使身体活动的方法，是推动体育的工具。例如，跑跳叫田径运动，打球叫球类运动，其他如体操、游泳、武术等都是运动身体的方法。教师用各项运动技术教育学生。又如，比赛叫竞赛运动，举行比赛会叫运动会，是推动体育的办法。不能误以为运动就是体育。如果只重视运动比赛、只追求运动技术，而不讲如何增强体质、如何保持健康，其结果会违反人体生理，不仅不能增强体质，还会损害健康，这就是以为运动比赛就是体育的结果。"③

徐英超不仅大声疾呼"不能误以为运动就是体育"，还身体力行。徐英超曾在北京进行多次中学体育实验设计，所选教材大多是跑、举沙袋、爬杆、立卧撑、掷沙袋、跳绳、跳橡皮筋、手翻、中国式摔跤、手球、小足球、乒乓球、游泳、爬山等，并取得了一定的效果。

（二）"竞技是娱乐而不是体育"

与徐英超观点相近的是当时在东北师范大学工作的林笑峰。林笑峰在1980年6月16—19日于北京召开的体育理论专题座谈会上，进一步阐述了"体育跟娱乐、竞技等文化活动相区别的问题"，得出了"竞技是娱乐而不是体育"的观点。

林笑峰认为："事物的客观存在本来是有条理的。但是，事有正误，物有真伪，常有以误乱正，以伪乱真，这是客观存在。解决什么是体育的问题，这同对一般事物区别其是非的道理是一样的。文化、教育、体育、娱乐、消遣、游戏、

---

①熊晓正．从"普及与提高相结合"到"各类体育协调发展"[J]．体育文史，1997（5）：18．
②张军献．一位老教育工作者眼中的体育——吴翼鉴先生访谈札记[J]．体育学刊，2011，18（2）：1-4．
③徐英超．体育实践与理论（第二稿）[Z]．1978．

竞技等这些词，它们都各自标记着其概念，这些概念都各不相同，这本来是清楚的。可是，近些年来，我们体育界有人把游戏、消遣、娱乐、竞技等文化活动领域中一些与体育相近、相似而不相同的东西，甚至是那些既不相近也不相似的东西（如棋、牌），不加分辨地一概称为体育，这是目前体育用词混乱和概念不清的主要症结。"[1]

林笑峰认为，1971年商务印书馆出版的《新华字典》中对体育的定义"指锻炼身体增强体质的教育"是准确的，因为体育二字不是中文的固有名词，大约是在19世纪后期从英语 physical education（身体的教育）这个词翻译而来的。现在世界上许多国家都有由"身体的教育"这种字样构成的与智育、德育并列使用的词。体育虽然经过几个世纪的演变，但其增强体质的基本概念没有改变[2]。

"竞技是以为观众表演为目标的，它的一系列业务活动都服务于它的目标。运动员竞技能力的训练和提高只能代表少数人竞技能力的提高，这跟增强人民体质的标准是不同的。几个运动员或几个运动队取得的世界冠军，对于反映一个国家的政治、经济和精神面貌具有重大意义，但不能真正代表一个国家民族体质的体育成就。正如一些资料中所说的，竞技只能意味着、象征着人体的健美，并不真正解决民族体质增强的实际问题。用竞技代替体育，这不仅是概念不清的问题，还关系到未来民族体质问题。"

"多年来，一些人竞技与体育不分，把休闲消遣娱乐性质的竞技当作体育，用竞技代替了体育……当前的实际情况是，以竞技代替体育，以竞技科学代替体育科学。如今体育科学缺乏阵地，各大学体育系也侧重于竞技。因此我们应该强调在发展竞技科学的同时，为体育科学的发展开辟广阔的前途"[3]。

为准备编撰《中国大百科全书（体育卷）》，中国体育科学学会所属体育科学理论学会于1982年7月25日至8月2日在烟台召开了专题学术讨论会，对"体育"等概念和理论问题进行深入讨论，以期达成统一认识。在这次会议上，林笑峰及其支持者进一步提出了如下论点。[4]

（1）中国"是按竞技方式办体育，在体育中搞竞技"，实际上是"普遍地用竞技教育代替了体育教育。"

---

[1]林笑峰. 体育跟娱乐、竞技等文化活动相区别的问题[J]. 江苏体育科技，1981（4）：14-17.
[2]林笑峰. 体育跟娱乐、竞技等文化活动相区别的问题[J]. 江苏体育科技，1981（4）：14-17.
[3]林笑峰. 体育跟娱乐、竞技等文化活动相区别的问题[J]. 江苏体育科技，1981（4）：14-17.
[4]谷世权. 二十年前的一场争论——忆1982年"烟台会议"[J]. 体育文化导刊，2002（3）：85-86.

(2)"竞技主义是中国体育前进路上的一大障碍。"

(3)"中国体育科学的发展,基本停滞……拿竞技科学当体育科学去研究……所以真正的体育科学则默默地停在零点上没有起动。"

(4)"目前我国的体育与运动(竞)在理论上是落后的,在概念上是混淆的,在实践上是盲目的。尽管取得很多成绩,特别是竞技运动取得了辉煌的成绩,但是,从整体来看,这样是否符合体育事业发展的方向、是否就符合四化建设的需要,还很有讨论的必要。"

(5)"我国体育已经竞技化了……按竞技方式办体育,一些人认为竞技就是体育,把体育的本质特点——发展人的身体的教育抛之脑后。一些体育界人士钻进竞技运动的牛角尖,经营、发展与多数学生身体关系不大的各级各类的运动竞赛……要把中国体育引向何处?"

上述观点对呼吁人们重视群众体育、重视人民体质的增强是有积极意义的,因此这些观点引来了一些赞同之声。例如,有人认为上述观点"开辟了我国体育的新纪元""是中华民族体质增强的福音",要按上述提出的方向、途径解决问题,沿着真正体育之路奋勇前进[①]。

二、大杂烩的体育与真正意义的体育的矛盾

由于翻译的原因,"体育"一词在我国是一个大杂烩的词语。为了统一理解,1982年"烟台会议"上对体育概念进行了重点讨论,达成了"大体育"(广义体育)、"小体育"(狭义体育)的共识。但是,一部分师范大学体育系的体育理论工作者因对我国体育工作自1959年后向竞技体育大量倾斜表示不满,不同意体育有"广义""狭义"之分。他们认为,中国"是按竞技方式办体育,在体育中搞竞技"[②]。后来,为了同大杂烩"体育"划清界限,有学者提出体育就是"体质教育",并用"体质教育""科学体育""真义体育"等术语代表"真体育"。

(一) 体质教育

第一个提出体育是"体质教育"的学者是徐英超。研究表明,徐英超于

---

①编辑部.体育理论研究中值得注意的问题[J].国家体委体育工作情况反映,1982(22).
②谷世权.二十年前的一场争论——忆1982年"烟台会议"[J].体育文化导刊,2002(3):85-86.

1979年率先提出用"体质教育"代替"体育"。他指出，体质教育是提高人体质量的教育，认为一所学校体育搞得好不好，关键在于学生的体质是否有所增强。林笑峰则进一步解释了体质教育的含义："体育、身体教育、体质教育，是同一概念……近几年来中国出现了体质教育这个词，标志着中国体育步入了科学化的发展历程……体质教育确切地表明学校体育是增强体质的教育"①。

（二）科学体育

在徐英超提出体育是"体质教育"的同时，林笑峰也在极力倡导"科学体育"。同徐英超一样，林笑峰不同意大、小体育之分，但此时又没有找到一个更好的术语来表达他所认同的体育内涵，因此就使用了"科学体育"这一说法，并在1979年上半年北京体育学院举办的全国青年体育理论教师进修班上，给学员介绍了他的"科学体育"思想，号召建立"全国青年科学体育研究会"。

什么是"科学体育"？林笑峰说："自16—17世纪欧洲几位教育家倡导教育学说300年来，人们一直认为体育运动能增强人的体质是自然的事，只要把运动的技术和方法教给学生，让他们自己去运动就行了。科学体育与传习式体育的根本区别，在于把信托给自然的身体发展问题收过来，自主管理了。"②

"科学体育的指导思想是研究如何使人体更加完美健康，就是要像建设高楼那样进行人体工程建设，而不是研究锻炼项目……科学体育体系中的'运动处方'，可以理解为每个人的锻炼计划或锻炼方案，但都不及'处方'确切。处方根据每个人的具体情况选定锻炼项目，运动量即服药量。怎样确定运动量呢？……日本学校搞100分钟锻炼，每天活动100分钟，包括体育课、课间、上学走路等，定时定量。一般人也有锻炼'点'数。他们认为1千克体重每分钟的摄氧量为35毫升，35毫升的1/5即7毫升为一个'点'。据研究，一个人每周运动量要达到30'点'才有好处，最好能达到50点。用什么项目锻炼、怎样取得点数，都有相应的指标详列成表，可以查到"③。

（三）真义体育

进入20世纪80年代，随着体育概念问题探讨的深入，为了与多种场合所指

---

① 杨贵仁. 中国学校体育改革的理论与实践［M］. 北京：高等教育出版社，2006.
② 林笑峰. 对"科学体育"的一些看法［J］. 国家体委体育工作情况反映，1979（16）.
③ 林笑峰. 对"科学体育"的一些看法［J］. 国家体委体育工作情况反映，1979（16）.

代的"体育"相区别,林笑峰于1988年在《体育学通讯》上发表了《真义体育思想的演进》一文,明确用"真义体育"指代其所认为的"体育"。所谓"真义体育",是指完善人类身体教育的体育,或增强体质的教育①。

那么,"真义体育"是一种什么样的思想?"真义体育"是什么性质的词语呢?对此,林笑峰是这样说的:"我用的'真义体育',是个说明用语,不是专门术语。我之所以使用它说明一些问题,是因为体育这个名词被广泛借用到许多场合,社会上出现了多种'体育',因此我常在文稿中用'真义'两个字来标注我之所指。"②

三、青少年体质弱化与体育课军事化、劳动化、政治化、竞技化的矛盾

中华人民共和国成立后,我国青少年体质状况堪忧。与之相对应的,是体育课在体育含义泛化后产生的种种变动。例如,1958—1969年,在体育课上练匍匐、投弹、刺杀,上大练兵体育课;领学生去火车站装卸煤炭,上劳动体育课;体育课上给学生每人发一块铁饼,教师发令后70块铁饼一齐飞上天,上竞技运动体育课。20世纪80年代,各级各类学校又开设多项竞技运动课和一专课。在这样的大背景下,有学者提出应该"在教育制度体育必修课中取消大杂烩的用体育之名的运动课,开设增强体质的健身课",同时提出"不用'体育(运动)课'这个名称,改称'体质教育课'——健身课。……因为'体育课'被弄糊涂了,所以要名正言顺地改称'体质教育课'"③。

第三节 体质教育流派的形成与发展

"体育为增强体质"这一思想在我国早已存在。例如,蔡元培呼吁培养学生"狮子样的体力",认为"健全身体,实为教育上重要任务。健全的方法,运动最要";徐一冰提出"体育不讲,人种不强,人种不强,国将安赖";张伯苓提倡"注重体育,锻炼健强之国民"。中华人民共和国成立后,"发展体育运动、

---

①陈融.试析真义体育观、大体育观的特征与分歧[J].西安体育学院学报,1999(4):1-5.
②林笑峰."真义体育"之真义——兼答熊晓正同志质疑[J].体育文史,1996(6):6-8.
③林笑峰.健身教育论[M].长春:东北师范大学出版社,2008.

增强人民体质"的口号响彻中华大地。鉴于上述思想积淀，加之三重矛盾的社会动因，徐英超率先提出用"体质教育"代替"体育"的概念，欲为"体育"一词正本清源，为国民体育谋实利。自此，体质教育流派正式登上历史舞台，成为推动我国体育教学科学化的一支重要力量。总体上看，体质教育流派的形成和发展可以分为以下几个阶段。

一、开端

在中国谈到体质教育，就不得不提及徐英超，因为体质教育思想是徐英超率先提出的[①]，并在扬州会议的报告中进行了表述[②]。

徐英超的体质教育思想形成于中华人民共和国成立后，毛泽东在全国体育总会成立大会上题词"发展体育运动，增强人民体质"，基于此，徐先生倡议将"体质教育"作为一门科学进行研究，还筹办了"体质教育研究室"，重点探索青少年体质的科学规律，提高我国国民的体质[③]。

徐英超提出"体质教育"思想后，很快得到了国家体委、教育部和共青团中央的重视，三部委联合委托徐英超担任"全国人民体质调查"研究项目的负责人。在实地调查中，徐英超发现了学生近视率上升、体育课堂效率低下和青少年体质较差等一系列问题，结合前期的学术积累和基层体育发展现状，提出了我国体质教育"营养、运动素质和体能"的三维发展观，指出营养、运动素质和体能要实现从"树状结构"向"网状结构"的转变。他还提倡体育教育的发展需要打破原有僵化的发展思路，改革中小学体育教育，这样才能真正提高学生的体质水平。

20世纪70年代初，徐英超受上级委派下基层中小学调研，走访了河北、山东、江苏、北京等70多所学校，后于1977年观摩调查了山西、陕西的24所中小学。1978年又调查了江苏、上海的53所中小学。这一系列的调查研究，使徐英超耳闻目睹了学生体质大幅度下滑的情景。经反复商讨，徐英超向时任教育部

---

①郭秀文，梁诚，张连磊. 徐英超体质教育思想与理论体系的再审思 [J]. 北京体育大学学报，2020（7）：135-144.

②徐英超先生对体质教育思想的最早表述是在扬州会议的报告中：体育是在学校里设置课程，由教师运用教材和教法对学生进行体质教育，进行体质健康的教育，使学生成为身体和精神都健康的人。

③闫士展，傅建，王若光. 从"提高体质"到"立德树人"：扬州会议的历史回顾与学校体育改革的新转向———熊斗寅、曲宗湖、李习友和施永凡学术访谈录 [J]. 体育与科学，2019（4）：9-17.

部长蒋南翔汇报，提出了"体质教育"的思想，并将该思想表述于扬州会议的报告中。①

徐英超在其1983年所著的《体质教育研究初论》中，以恩格斯（Engels）著作《反杜林论》、马克思"未来的教育就是生产劳动同智育和体育相结合，它不仅是提高社会生产的方法，而且是造就全面发展的人的唯一方法"等为论据，认为"体育是在学校里设置课程，由教师运用教材和教法对学生进行体质教育，进行体质健康的教育，使学生成为身体和精神都健康的人。"

为了更好地理解体育，徐英超又提出"不能误以为运动就是体育"的观点。他认为："运动是使身体活动的方法，是推动体育的工具。如果只重视运动比赛，只追求运动技术，而不讲如何增强体质、如何保持健康，其结果会违反人体生理。不但不能增强体质，反而损害了健康，这就是以为运动比赛就是体育的结果。"在谈到"体育"和"运动"的关系时，徐英超说："体育与运动很有关系，搞体育必须通过运动才能达到增强体质的目的，但它们又是两回事。体育是要按人体生理的需要来研究设计增强体质的办法。体育是为了育体的，不能违反生理有损于身体，如果妨碍了身体的发育，那就是盲目的运动而不能叫做体育。"②

二、建构理论

徐英超的"体质教育"理论引起了学者们的共鸣。林笑峰、黄震、陶德悦、吴翼鉴、杨时勉、张友龙、董安生、王俊山、林诗娟、韩丹等学者纷纷撰文声援，支持体育是"体质教育"的观点。其中，林笑峰最为突出。林笑峰早在1957年就在《体育文丛》上发表文章，提出应取消"体育教育"一词。林笑峰又于1979年7月18日在《体育报》上发表文章《世界体育科学化的动向和我们的新使命》，明确指出："竞技不是体育，体育不是竞技。"③他认为："体育是增强体质的教育，是指一切应用各种体育手段直接炼身的过程。竞技是表演比赛给人家看的，观众只是饱享眼福，实属休闲消遣娱乐的过程。"④林笑峰的论断在一直认为"运动、竞技、体育无区别，竞技就是体育"的中国引起了一场"学术地震"。尽管受到多方批判，林笑峰仍然义无反顾地坚持"竞技不是体育"

---

①②徐英超. 两亿接班人的中小学体质教育需要调查研究 [J]. 北京体育学院学报, 1979, 2 (3): 1-7.
③林笑峰. 世界体育科学化的动向和我们的新使命 [N]. 体育报, 1979-07-18.
④林笑峰. 体育跟娱乐、竞技等文化活动相区别的问题 [J]. 体育科技, 1981 (7): 12-15.

的观点。为了同泛化的体育相区别，林笑峰用"真义体育"来标注其所指。他认为，真正意义的体育是"锻炼身体增强体质的教育"，是"发展身体、建设身体、完善身体的教育。"[1] 林笑峰还专门做了一个比喻，他说："健身和体育好比卫星和火箭，体育必须运载健身，否则不能称之为体育。"[2] 面对"大体育"，林笑峰认为这是"中国人自己创造的土产，非真义体育"[3]。他批评这种将"体育"比作一座高大的金字塔，塔尖是所谓的"竞技体育"，塔底层的左半部是"学校体育"，右半部是"大众体育"的"大体育"观是一种"假义体育"，它给"真义体育"造成了两个贫困：体育经费的贫困和体育知识的贫困。林笑峰主张将体育课改名为"健身课"，因为"健身课"是增强体质的课，这样含义更明确。他认为，"运动课"和"健身课"在工作的根本思路上有本质区别。"运动课"思路是"S（运动）—Y（身体）—S（运动）"，"健身课"思路是"Y（身体）—S（运动）—Y（身体）"[4]。因此，他认为体育课应该教授健身的手段及应用方法，倡导开"健身处方"，提出了体质变化、势态控制的知识和技能是体育业务的中心环节、主要内容。体质变化、势态控制的各种措施都可以成为健身手段[5]，并提出了健身课教材的内容。

当然，为体质教育立论呐喊的不止林笑峰一人。华东师范大学的黄震提出：体育过程中以竞技运动为教材内容，是培养学生炼身能力的一大障碍。为了进一步表达自己的主张，黄震[6]于1995年专门撰文《释体育说竞技》来论述二者的不同。文中指出"竞技是与对手较量给人们观赏的运动文化娱乐活动……体育要依靠科学教育提高人的身体素质。""体育的事要办好，竞技的也要办好，不应该用开展竞技运动的方式去办体育而把真正的体育弄得名存实亡。"他认为在教育中，以竞技运动为主要内容的状况不能再延续下去了。

提及体质教育流派，还有一个人不得不说，那就是吴翼鉴。吴翼鉴是江西知名教育家，著有《吴翼鉴教育文集》《教育人生》等专著，曾任九江市教育局局长等职务。他于1983年无意中看到林笑峰在《武汉体育学院学报》发表的文章——《自然体育和现代体育科学化》。吴翼鉴同意林笑峰的观点，自此两人在学术上互

---

[1]林笑峰."真义体育"之真义——兼答熊晓正同志质疑[J].体育文化导刊，1996（6）：6-8.
[2]林笑峰.健身教育论[M].长春：东北师范大学出版社，2008.
[3]崔乐泉，杨向东.中国体育思想史（现代卷）[M].北京：首都师范大学出版社，2008.
[4]林笑峰.拨开"金字塔"上的迷雾[J].教育科学研究，1990（1）：11-14.
[5]林笑峰.健身教育论[M].长春：东北师范大学出版社，2008.
[6]黄震.释体育说竞技[J].体育学刊，1995（1）：32-33.

相切磋、交流，终成忘年之交。为了支持林笑峰，吴翼鉴先后发表了《关于"体育"概念讨论的意义何在》《〈体育之研究〉的启示》《论体育与生产力》《1986—2000江西省学校体育发展战略设想》《体育目的问题之我见》《论科学体育观的形成与发展——兼析体育思想正误碰撞的历程》《试论体育与教育》《增强人的体质，是体育无"人"吗？——与"人文体育观渐入与生物体育观淡出"的商榷》《〈我心中的理想体育〉质疑》《各司其职比翼齐飞——伍绍祖同志答记者问读后感》等文章。文中批判体育的"多目的论"，批判"生物体育观淡出"[1]，批判体育就是"拿金牌"等观点，认为体育的目的是"增强体质"，并指出"真正的体育是身体的教育，是发展身体的教育，是增强体质的教育"[2]。同时，他还引用伍绍祖的话来论证这一观点："必须明确，体育的总目标是增强人民体质……中国设置体育部门的根本目的是提高人民体质，而不是拿金牌……这个问题是我在20世纪90年代初期才搞清楚的，但现在许多同志，包括体育总局的一些同志，还只是想着拿金牌。"[3]吴翼鉴[4]不同意"大小体育"之说，认为该理论"说白了，就是要否定体育的真义，把人力、财力、物力集中起来，用于奥运战略，以体育之名行竞技之实。最后，以竞技作为总概念来'吃掉'真正的体育。"

在体质教育流派中，韩丹是一位思维异常活跃的学者，也是体质教育的拥护者。韩丹1990年发表《论竞赛不是体育的本质特征》一文，通过对《世界体育宣言》《学校体育的全球性展望》《柏林备忘录》《韦氏英语大辞典》等进行深入研究，确认体育的本义是身体的教育，是教育学的一个概念，体育活动的标志或特征是体育课（包括相应的课外活动），没有体育课便不能称其为体育。体育是教育的组成部分，是体育教师通过体育课向学生进行身体的教育。其他所谓的"体育"都不是正宗的体育[5]。因此，韩丹也提出"体育该复位了"[6]。

三、实验

教育不仅需要理论，还需要在理论指导下进行实验去验证其正确性。我国体

---

[1] 吴翼鉴. 增强人的体质，是体育无"人"吗？——与"人文体育观渐入与生物体育观淡出"的商榷 [J]. 体育学刊, 1999 (3): 1-2.
[2] 吴翼鉴. 体育目的问题之我见 [J]. 体育学刊, 1995 (3): 19-21.
[3] 古柏. 20世纪最后十年中国体育改革回顾——伍绍祖同志采访记 [J]. 体育学刊, 2007 (1): 1-4.
[4] 吴翼鉴. 论科学体育观的形成与发展——兼析体育思想正误碰撞的历程 [J]. 体育学刊, 1996 (1): 38-42.
[5] 韩丹. 谈体育概念的源流演变及其对我们的体育认识和改革的启示 [J]. 体育与科学, 2010 (4): 1-8.
[6] 韩丹. 论体育 [J]. 体育与科学, 2011 (3): 1-10.

质教育实验研究最早始于20世纪70年代，徐英超在提出"体育即体质教育"的同时，在北京第十九中学开始了健身课实验。与此同时，为了研究如何有效地增强学生体质，李兴文于1978年在东北师范大学举办体质教育实验班，试图从传习式的体育思想方法中解放出来，把体育课真正转化为身体培育课，用体质教育的原则和方法对学生进行体质教育。在此期间，为了落实教育部颁发的《中小学体育工作暂行规定》（该文件中提出评定中、小学体育工作的成绩，最根本的是看学生的体质是否有所增强）和继承恩师徐英超对体质教育的观点，曲宗湖也于1979—1980学年和1980—1981学年分别在北京海淀区十九中学和阜成路学校进行确保"两课、两操和两活动"的教育实验，探索增强学生体质的新途径。1980年，体育教师杨时勉以九江市二中、六中为试点主持体质教育实验，受到了江西省内外专家学者的关注和赞赏。随后，1985年福建师范大学体育科学学院教授陈智寿开始在福建仓山的小学、初中、高中进行以提高学生的健身意识、能力及体质为目标的改革实验，实验共进行了五轮，每轮为期三年，前两轮以体育课程整体改革为突破口，后两轮为学校体育（含体育课程）的整体改革，参加的中小学共计28所，对象有7000余人，取得了一定的成果。在前辈不断探索的基础上，1997年广东省增城市荔城街第二小学的邓若锋率领课题组开始在小学进行"小学健身知识技能教学的实验研究"，并以此为基础将实验范围扩大至初中和高中。在长期实验中，邓若锋总结了健身知识技能教学的三种类型，并构建了小学至高中的健身知识技能教材体系，成为体质教育流派实验道路上坚定的实践者。自20世纪90年代至今，还有广东肇庆学院、华南师范大学、广东工业大学、山西农业大学等单位的学者在积极践行健身教学，并对其原理性问题进行了实验探讨。

四、融合

在历经"开端、建构、理论、实验"的过程中，体质教育流派的先导者或后继者也遭遇了自身难以突破的瓶颈，如"教材困境""兴趣困境"等。于是，他们开始不断与其他流派进行思想碰撞、知识融合，寻找突破瓶颈的方法。因此，进入21世纪以来，体质教育流派在理论和实验上出现了新的突破，具体如下。

第一，不像以前那样完全排斥竞技运动，他们试图通过"健身化"搭建二者沟通的平台。体质教育流派的代表人物林笑峰在20世纪80年代非常反对将竞技运动作为体育课的教材，这种反对曾让"体质教育"一度陷入"教材困境"。

然而，2008年林笑峰在著作《健身教育论》中指出："竞技游戏项目——篮球、排球、足球等可化为健身手段的活动性游戏，诸多运动娱乐活动都可以转化为健身手段的基本体操或活动性游戏，主要是在'化'字上。"这是对以前体育手段理论的有益完善。

第二，不再只强调"练"，而是重视通过"运动学习+健身知识点"将运动健身化，将健身趣味化。20世纪70—80年代，体质教育思想主导下的体育课教学单纯就是"练"。因为课堂采用的都是人类基本动作，在动作方面不需要太多学习，所以学生只需要按照教师或自己制定的练习负荷采用重复法、巡回锻炼法等练习即可。然而，这种教学因忽视学生兴趣而在现实中难以为继。广东的邓若锋在继承体质教育理论基本观点和进行大量实验的基础上，提出体育课的教材应该以健身方法和法则为主线，将身体运动、营养和卫生措施、生活制度、心态调适等健身手段串联起来[①]。其中，身体运动（如走跑跳投、体操、球类运动、武术、游泳等）是载体，其他健身知识点通过身体运动得到彰显。他特别指出，把健身知识技能作为教材内容，其中最根本的就是把健身的法则和方法作为教材内容，这是健身知识技能教学的主线和灵魂。在长期实验中，邓若锋还总结了健身知识技能教学的三种类型（知识主导技能教学、技能引导知识教学、技能知识并行教学），从而将运动学习与健身知识学习融为一体，有效解决了体质教育流派的教材困境和兴趣困境问题。

---

① 邓若锋. 高中健身知识技能教材内容的构建 [J]. 体育学刊，2008（9）：71-74.

体质教育流派人物关系图谱与主要观点

体质教育流派是一个主张"体育就是体质教育"的学术团体,该团体有创建人和领军人,有理论应援者和实验应援者,该团体中的应援者的体质教育思想受到了创建人或领军人的影响。那么,体质教育流派究竟是一个怎样的团体?其核心成员之间有着怎样的关系?该流派的主要观点是什么?本章将对上述问题进行详细讨论。

第一节 体质教育流派代表人物关系

卢元镇在回忆我国20世纪70年代末体育理论大讨论时曾指出,20世纪70年代末,体育理论界出现了一个新的学派,这个学派由东北师范大学体育系林笑峰、北京师范大学体育系贾希效、山西大学体育系董安生、湖南大学张友龙、江西九江教育局吴翼鉴等人组成。他们有深厚的体育教育工作经历和日本片冈隆夫学派的学术背景。他们主张体育与竞技应该彻底分家,一个属于教育,一个属于文化。他们主张在体育课上废止"传习式教学",不准向学生传授运动技术。他们自称"体质派",套用了《体育之研究》中的一句"体育的真义",自称"真义体育"。卢元镇提及的这个新的学派,就是体质教育流派。

体质教育流派以徐英超为创建人,以林笑峰为领军人,其核心成员分为理论应援者和实验应援者,应援者的具体信息及与创建人或领军人的关系见体质教育流派人物关系图谱(图4-1)。

体质教育流派研究

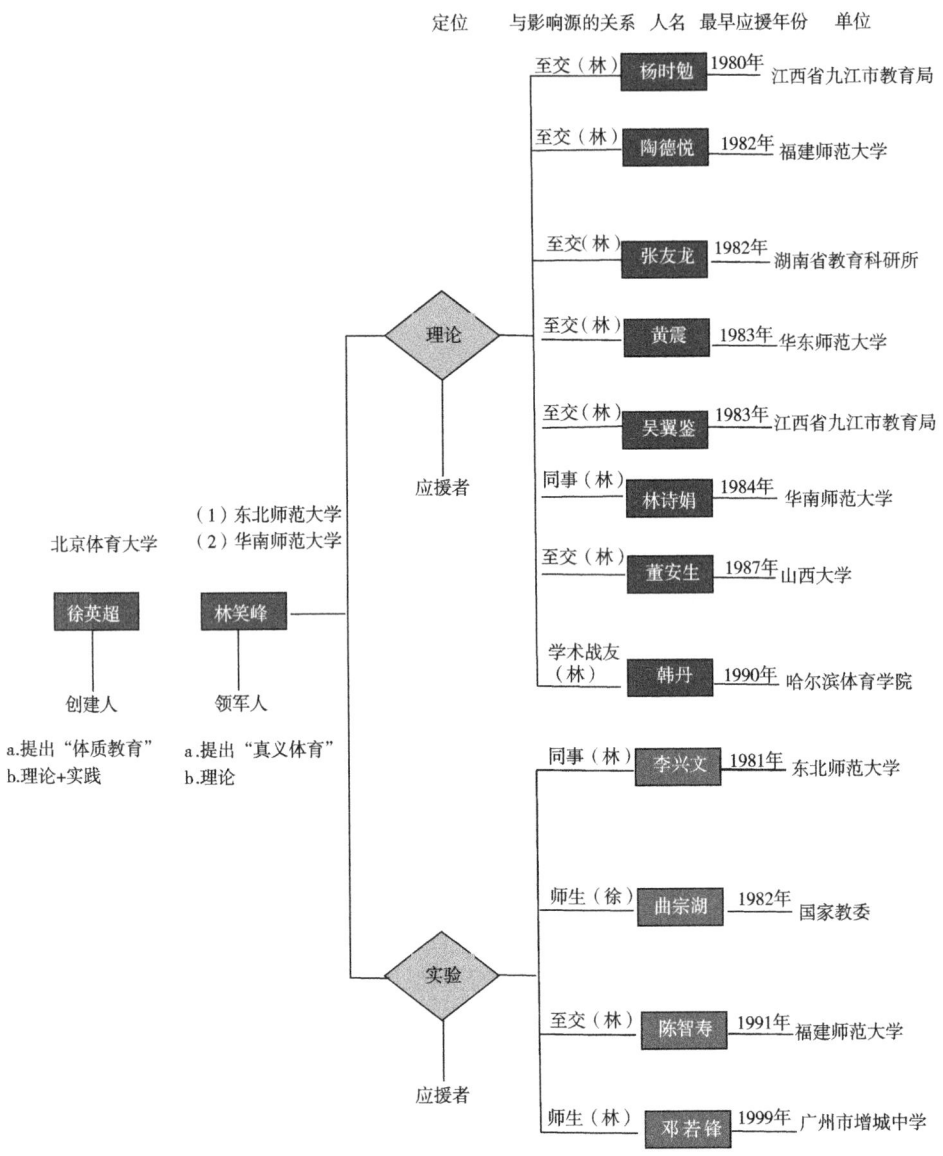

林：林笑峰；徐：徐英超。

图 4-1　体质教育流派人物关系图谱

徐英超是体质教育流派的创建人，于 1979 年率先提出"体质教育"这一概念，用以表达自己对体育的理解。曲宗湖是徐英超的学生，亲历并见证了徐英超提出"体质教育"这一概念的过程。曲宗湖深受恩师徐英超影响，于 1979—1981 年进行了增强中学生体质的教学实验，其教学实验成果于 1982 年在《江苏

第四章 体质教育流派人物关系图谱与主要观点

体育科技》上发表。

林笑峰是体质教育流派的领军人①，徐英超提出的"体质教育"与林笑峰对体育的见解不谋而合，林笑峰非常赞同"体育就是体质教育"这一说法。然而，囿于我国学界乃至民众长期对体育一词的泛化理解，为了更加旗帜鲜明地表达"体育就是体质教育"这一观点，林笑峰提出了"真义体育"这一概念，即真正意义的体育就是体质教育。

黄震、吴翼鉴、陶德悦、张友龙、董安生、杨时勉等学者均与林笑峰是学术至交，林诗娟是林笑峰在华南师范大学的同事，这些学者都是体质教育的积极支持者，尤其是林笑峰遭遇"学术危机"②之时，他的这些学术至交都从理论上进行了应援，给当时的林笑峰提供了莫大的精神支持。

相比之下，韩丹与林笑峰结识较晚。20世纪90年代开始，韩丹和林笑峰的学术见解不谋而合。用韩丹的话讲，就是"有着天然的同一性或共同性，形成了统一战线，我俩成了一条战线上的战友"。③两人仅在1995年有过一次当面交流，1996年开始以书信（共45通）的方式进行学术讨论，直至林笑峰去世。

李兴文是林笑峰在东北师范大学的同事，对林笑峰的观点甚为赞同，并于1978—1980年在东北师范大学进行了体质教育的实验，以此表达学术立场。

陈智寿开展体质教育研究主要受陶德悦、黄震、林笑峰、吴翼鉴等人的影响。1978年左右，华东师范院校体育专业交流会（在福建师范大学举行）期间受陶德悦教授引荐，陈智寿结识了华东师范大学的黄震教授。陶德悦还送给陈智寿一本林笑峰编写的《体育方法学》，陈智寿阅读遇到不解问题时便写信向林笑峰请教。后来，陈智寿和林笑峰于1980年在厦门举行的全国学校体育论文报告会上第一次见面，也是在这次论文报告会上，陶德悦又向陈智寿引荐了九江市教育局的吴翼鉴。会议期间，陈智寿向陶德悦、黄震、林笑峰、吴翼鉴四位介绍了自己对体育的认识及进行教学改革实验的想法，得到了四人的大力支持。之后，陈智寿于1985—1998年致力于提高学生健身意识、能力及体质的教改实验，取得了丰硕的教改成果。

邓若锋的学术启蒙恩师是林笑峰。据邓若锋回忆，20世纪80年代，邓若锋

---

①老一代的体育家徐英超、黄震、陶德悦、董安生、吴翼鉴等都是林笑峰的至交。林笑峰的体育思想在1982年受到批判时，这些体育界的前辈都非常支持他，大家都有很深的默契。有的学者原本是主张大体育观的，后来对体育的本质逐渐产生了新的认识，转而支持真义体育观。
②此处"学术危机"是指1982年山东烟台体育科学理论专题学术研讨会后，因为国家体委对林笑峰的批评，东北师范大学也暂停了林笑峰的授课资格。
③韩丹.揭秘我同林笑峰暮年的体育学术协同战斗（一）[J].体育与科学，2014（6）：1-5.

在上大学期间听过林笑峰的讲座，被其渊博的学识所吸引，就此踏上了漫长而又温馨的"追师"之路。邓若锋说："林笑峰和我是一种亦师亦友的关系，林笑峰关心我的学术成长，指点我从哲学入手来涉猎研究，他亲自为我购买哲学书籍，引导我走上读书成长之路。"20世纪90年代，在林笑峰的指导下，邓若锋开展了"健身知识技能教学"的理论与实验研究，在此基础上，历经哲学的不断升华，最终创立了"身体练习体验"的体育教学体系。

体质教育流派创建人及领军人一览表如表4-1所示。

表4-1 体质教育流派创建人及领军人一览表

人名	地位	价值	代表性成果
徐英超	创建人	提出"体质教育"	1.《两亿接班人的中小学体质教育需要调查研究》，刊载于《北京体育学院学报》1979年第三期 2.《我国学校体育的由来和目前存在的问题》，刊载于《学校体育》1982年第二期 3.《体质教育研究初论》，刻印，1983年版
林笑峰	领军人	提出"真义体育"	1.《世界体育科学化的动向和我们的新使命》，刊载于《体育报》1979年7月18日 2.《体育跟娱乐竞技等文化活动相区别的问题》，刊载于《江苏体育科技》1981年第四期 3.《自然体育和现代体育科学化》，刊载于《武汉体育学院学报》1983年第一期 4.《析体育的真义——兼谈中国真义体育》，刊载于《学校体育》1989年第二期 5.《体育观的辨析》，刊载于《首都体育学院学报》1989年第二期 6.《拨开"金字塔"上的迷雾——坚持按体育的真义来领导和指导体育工作》，刊载于《教育科学研究》1990年第一期 7.《健身与体育》，刊载于《体育学刊》1995年第二期 8.《从日本出版〈现代美国SPORT（竞技）史〉看美国体育思想的变迁》，刊载于《体育学刊》1995年第三期 9.《费克斯 $\Phi k_1 c$ 问题辨析》，刊载于《体育学刊》1995年第三期 10.《我对"以增强体质为主"的认证与探究》，刊载于《体育学刊》1996年第二期 11.《"真义体育"之真义——兼答熊晓正同志质疑》，刊载于《体育文史》1996年第六期 12.《思维滥觞及体育、竞技在科教文中的地位》，刊载于《体育学刊》2005年第一期 13.《中国全民身体教育事业建设的历史使命》，刊载于《体育与科学》2006年第一期

续表

人名	地位	价值	代表性成果
林笑峰	领军人	提出"真义体育"	14.《一部风靡于世专著的品味——读 SPORT IN SOCIETY 心得》，刊载于《体育与科学》2006年第六期 15.《体育学原理论著选读》，出版于广东高等教育出版社，1996年版 16.《体育方法学》，油印，1987年版 17.《健身教育论》，出版于东北师范大学出版社，2008年版

体质教育流派理论应援者一览表如表4-2所示。

表4-2 体质教育流派理论应援者一览表

人名	影响源	最早应援年份	最早应援文章	应援文章
黄震	林笑峰	1983年	《学校体育的重点是增强学生的体质》	1.《学校体育的重点是增强学生的体质》，刊载于《上海高教研究》1983年第十期 2.《改进高等学校的体育卫生管理之我见》，刊载于《武汉体育学院学报》1983年第三期 3.《体育要培养学生锻炼身体的能力》，刊载于《体育学通讯》1991年第一期 4.《释体育说竞技》，刊载于《体育学刊》1995年第一期 5.《泛谈学校体育的体质教育》，刊载于《体育学刊》1999年第一期
吴翼鉴	林笑峰	1983年	《关于"体育"概念讨论的意义何在?》	1.《关于"体育"概念讨论的意义何在?》，刊载于《武汉体育学院学报》1983年第二期 2.《发展体育运动究竟是为了什么——也谈中国体育要走出误区》，刊载于《体育师友》1994年第四期 3.《体育目的问题之我见》，刊载于《体育学刊》1995年第三期 4.《论科学体育观的形成与发展——兼析体育思想正误碰撞的历程》，刊载于《体育学刊》1996年第一期 5.《试论体育与教育》，刊载于《教育学术月刊》1996年第三期 6.《增强人的体质，是体育无"人"吗？——与"人文体育观渐入与生物体育观淡出"的商榷》，刊载于《体育学刊》1999年第三期 7.《〈我心中的理想体育〉质疑》，刊载于《体育学刊》2003年第一期

续表

人名	影响源	最早应援年份	最早应援文章	应援文章
吴翼鉴	林笑峰	1983 年	《关于"体育"概念讨论的意义何在?》	8.《各司其职比翼齐飞——伍绍祖同志答记者问读后感》,刊载于《体育学刊》2007 年第四期
陶德悦	林笑峰	1982 年	《"体育"与"运动"不能混淆——谈谈"发展体育运动,增强人民体质"》	1.《"体育"与"运动"不能混淆——谈谈"发展体育运动,增强人民体质"》,刊载于《福建体育科技》1982 年第三期 2.《实事求是,按各自的规律办运动竞技与体育》,刊载于《体育学通讯》1991 年第一期 3.《体育名词和要领的遐想》,刊载于《体育师友》1994 年第五期 4.《我赞赏福建的健身教育实验》,刊载于《体育学刊》1995 年第二期
张友龙	林笑峰	1982 年	《全面发展教育中的体育》	1.《全面发展教育中的体育》,刊载于《上海体育学院学报》1982 年第四期 2.《略论学校体育的几个基本问题》,刊载于《广州体育学院学报》1983 年第一期 3.《试论学校体育在国民体育中的位置及其目标》,刊载于《武汉体育学院学报》1983 年第三期 4.《学生体质评价办法的研究》,刊载于《湖南师范大学自然科学学报》1983 年第二期 5.《对面向现代化改革体育教学的认识》,刊载于《中国学校体育》1985 年第三期 6.《体育的真义与真义体育》,刊载于《学校体育》1989 第二期 7.《对当前我国学校体育改革若干基本问题的思考》,刊载于《体育学通讯》1991 年第二期 8.《体育教学思想与体育方法要义》,刊载于《体育师友》1991 年第三期 9.《对运动竞技的思辨》,刊载于《体育教学与训练》1992 年第二期 10.《健身文化研究序语》,刊载于《体育学刊》1995 年第二期 11.《体育方法释要》,刊载于《体育学刊》1999 年第二期

第四章 体质教育流派人物关系图谱与主要观点

续表

人名	影响源	最早应援年份	最早应援文章	应援文章
董安生	林笑峰	1987年	《苏联酝酿创建身体文化理论的情况》	1.《苏联酝酿创建身体文化理论的情况》，刊载于《体育学通讯》1987年第一期 2.《体育一词的由来与我国体育用语的状况》，刊载于《山西大学学报》1987年第二期 3.《运动文化教材化——体育教材建设中的一个需要解决的问题》，刊载于《山西大学学报》1988年第四期
林诗娟	林笑峰	1984年	《关于我国学校体育的若干设想》	1.《关于我国学校体育的若干设想》，刊载于《武汉体育学院学报》1984年第二期 2.《介绍一门新兴学科——体育方法学》，刊载于《武汉体育学院学报》1985年第一期 3.《坚持"三个为主"开创学校体育新局面》，刊载于《武汉体育学院学报》1985年第四期 4.《关于学校体育过程的分析》，刊载于《武汉体育学院学报》1986年第三期 5.《体育、身体娱乐、竞技》，刊载于《体育学通讯》1987年第一期 6.《冲破运动教学的关隘，推进体育科学化的里程》，刊载于《首都体育学院学报》1989年第二期 7.《关于中小学体育改革和体育课程建设问题的思考》，刊载于《体育教学》1990年第二期 8.《论体育运动》，刊载于《武汉体育学院学报》1995年第四期 9.《论健身课的特点》，刊载于《体育学刊》1998年第三期 10.《改革就要这样的气度》，刊载于《体育学刊》1999年第四期
杨时勉	林笑峰	1980年	《试论"体质教育"与"体育教学"》	1.《试论"体质教育"与"体育教学"》，刊载于《体育教学与训练》1980年第四期 2.《对中小学校体育改革的几点设想》，刊载于《学校体育》1984年第一期 3.《体育教学应以增强体质为主》，刊载于《学校体育》1987年第二期

· 039 ·

续表

人名	影响源	最早应援年份	最早应援文章	应援文章
韩丹	林笑峰	1990年	《论竞赛不是体育的本质特征》	1.《论竞赛不是体育的本质特征》，刊载于《体育学通讯》1990年 2.《论体育、育体和人体科学——关于体育在教育中地位、作用的新思考》，刊载于《体育学刊》1995年第一期 3.《论Sport不是体育——以〈简明不列颠百科全书〉为据》，刊载于《体育学刊》1996年第四期 4.《论中国体育：一分为三》，刊载于《体育与科学》1999年第二期 5.《论斯泡茨（sports）与体育》，刊载于《山东体育学院学报》1999年第二期 6.《国际规范性体育与运动的基本概念解说》，刊载于《体育与科学》1999年第三期 7.《国际规范性体育与运动的基本概念解说（续一）》，刊载于《体育与科学》1999年第四期 8.《国际规范性体育与运动的基本概念解说（续二）》，刊载于《体育与科学》1999年第五期 9.《国际规范性体育与运动的基本概念解说（续完）》，刊载于《体育与科学》1999年第六期 10.《论斯泡茨文化与体育文化》，刊载于《山东体育学院学报》2000年第一期 11.《论我国学校体育新世纪的新纪元》，刊载于《体育学刊》2000年第一期 12.《论"体育"词的多义理解》，刊载于《体育与科学》2001年第一期 13.《俄（苏）体育的基本概念和基本原则》，刊载于《体育学刊》2001年第二期 14.《续论"体育"词的多义理解》，刊载于《体育与科学》2001年第六期 15.《辨析体育的共性与整体——答熊斗寅同志的商榷之一》，刊载于《体育与科学》2004年第四期 16.《谈"安德鲁斯三角形"对我国体育的误导——兼答熊斗寅同志的商榷之二》，刊载于《体育与科学》2004年第五期 17.《阿诺德绝非"现代体育之父"——兼答熊斗寅同志的商榷之三》，刊载于《体育与科学》2005年第二期 18.《"体育"就是"身体教育"——谈"身体教育"术语和概念》，刊载于《体育与科学》2005年第五期

续表

人名	影响源	最早应援年份	最早应援文章	应援文章
韩丹	林笑峰	1990 年	《论竞赛不是体育的本质特征》	19.《论体育的本原和发展》，刊载于《体育与科学》2005 年第六期 20.《谈体育概念的源流演变及其对我们的体育认识和改革的启示》，刊载于《体育与科学》2010 年第四期 21.《论"体育"》，刊载于《体育与科学》2011 年第三期 22.《对我国体育认识和概念演变之起源的探讨》，刊载于《体育与科学》2012 年第一期 23.《论体育概念之研究》，刊载于《体育与科学》2012 年第六期 24.《林笑峰先生体育思想评析》，刊载于《哈尔滨体育学院学报》2014 年第一期 25.《纵论中国体育：特征、概念、历史和转型》，刊载于《体育与科学》2014 年第六期 26.《揭秘我同林笑峰暮年的体育学术协同战斗（一）》，刊载于《哈尔滨体育学院学报》2014 年第六期 27.《揭秘我同林笑峰暮年的体育学术协同战斗（二）》，刊载于《哈尔滨体育学院与学报》2015 年第一期 28.《论体育源起和体育概念的源流演变》，刊载于《哈尔滨体育学院学报》2016 年第四期

体质教育流派实验应援者一览表见表 4-3。

表 4-3 体质教育流派实验应援者一览表

人名	影响源	实验时间	文章应援最早年份	应援文章
李兴文	林笑峰	1978—1980 年	1981 年	《体质教育研究》，刊载于《东北师大学报（自然科学版）》1981 年第一期
曲宗湖	徐英超	1979—1981 年	1982 年	1.《改革学校体育教学工作增强学生体质——保证初中学生每天一学时体育锻炼的实验（连载）》，刊载于《江苏体育科技》1982 年第二期

续表

人名	影响源	实验时间	文章应援最早年份	应援文章
曲宗湖	徐英超	1979—1981年	1982年	2.《改革学校体育教学工作增强学生体质——保证初中学生每天一学时体育锻炼的实验（续完）》，刊载于《江苏体育科技》1982年第三期。 3.《中学生一天一学时体育锻炼的内容、方法、教学程序的实验方案》，刊载于1982年《中华人民共和国第一届大学生运动会学校体育科研交流会论文选编》。 4.《重温"每天锻炼一小时"——有感于一篇30年前的论文》，刊载于《体育教学》2011年第十一期。 5.《怀念我的导师、老共产党员徐英超教授》，刊载于《中国学校体育》2011年第七期。
陈智寿	林笑峰、陶德悦、黄震、吴翼鉴	1985—1998年	1991年	1.《改革体育课程 提高育身效益》，刊载于《中国教育学刊》1991年第六期。 2.《体育教学整体改革追踪实验》，刊载于《体育教学》1992年第三期。 3.《学校体育教育必须大力改革》，刊载于《群言》1994年第十一期。 4.《体育课程传授运动文化的目标是什么?》，刊载于《体育学刊》1995年第一期。 5.《学校体育整体改革的探索》，刊载于《体育学刊》1998年第三期。 6.《试论健身锻炼的主要原理》，刊载于《福建体育科技》1998年第六期。 7.《专题Ⅳ体育课和运动课问题》，刊载于《体育学刊》1998年第四期。 8.《对体育中几个关键词的讨论》，刊载于《福建体育科技》2007年第一期。 9.《对体育中几个概念的讨论》，刊载于《体育学刊》2007年第二期。 10.《我的体育课程改革之路——纪念林笑峰先生逝世一周年》，刊载于《体育学刊》2012年第三期。

续表

人名	影响源	实验时间	文章应援最早年份	应援文章
邓若锋	林笑峰	1999—2020年，不定期进行教学实验	1999年	1.《把增强体质健身知识技能作为体育课主教材的经验和体会》，刊载于《体育学刊》1999年第三期。 2.《小学健身知识技能课堂教学设计》，刊载于《体育学刊》1999年第五期。 3.《健身知识技能教学的实验总结》，刊载于《体育学刊》1999年第五期。 4.《小学体育教材改革的实验研究——对构建小学健身知识技能教材内容的多因素分析》，刊载于《体育与科学》2001年第四期。 5.《高中健身知识技能教材内容的构建》，刊载于《体育学刊》2008年第九期。 6.《从关注生命到生命体验——采用体验性学习方式进行健身知识技能教学》，刊载于《体育师友》2008年第六期。 7.《试述健身知识技能教学的课型特征》，刊载于《体育师友》2010年第三期。 8.《利用其它学科知识进行健身知识技能教学的探讨》，刊载于《体育师友》2010年第四期。 9.《健身知识技能教学及操作例析》，刊载于《体育教学》2011年第七期。 10.《提高体育教学质量与健身知识技能——对实施〈课程标准〉的教学内容探讨》，刊载于《中国学校体育》2012年第十一期。 11.《高中体能模块的教学方案设计与实施》，刊载于《中国学校体育》2018年第十一期。 12.《高中体能模块的教学内容构建与实施》，刊载于《中国学校体育》2020年第八期。

第二节 体质教育流派的主要观点

一、概念角度：体育就是体质教育

"体育就是体质教育"，是体质教育流派的核心观点，也是体质教育流派的核心论点。该观点从概念角度回答了"什么是体育"这一根本问题，体现了对我国"大体育"主张的质疑。

该流派认为体育就是身体教育，应该以运动为载体、以强身健体为主要目的。体质教育流派认为，"发展体育运动，增强人民体质"很好地诠释了体育的应然之意。

二、内容角度：体育应采用健身效果好、简单易行的运动

立足于"体育就是体质教育""体育就是身体教育"这一论点，体质教育流派认为体育应该选择那些健身效果好、简单易行的运动。因为简单，所以大家无须花很长时间学习技术，这样会节省很多时间；因为易行，所以大家能够摆脱场地、器材、资金、运动同伴等限制，增强体质的体育行为随时随地可以发生；因为健身效果好，所以大家无须顾虑锻炼效果，只专注于运动即可。

体质教育流派所指的"健身效果好、简单易行的运动"，主要包括三类：第一类是体能类练习，即各种发展心肺耐力、柔韧性、力量、灵敏、速度、平衡性、协调性、反应时等的练习，如俯卧撑、立定跳远、仰卧起坐、引体向上等。第二类是简单易学的体能类项目，如短跑、中距离跑、长跑、投掷、跳远、跳高等。第三类是按照"健身效果好、简单易行"这一要求改造的球类游戏、体操、武术等。

三、方法角度：体育的方法是运用"健身效果好、简单易行的运动"增强体质的方法

体质教育流派认为，体育的方法是运用"健身效果好、简单易行的运动"增强体质的方法，如重复锻炼法、连续锻炼法、间歇锻炼法、变换锻炼法、综合锻炼法、巡回锻炼法等。同时，体质教育流派还认为，个体体质增强的效果不仅取决于"运动的形式"，还取决于增强体质的科学方法，因此建议学校的体育，

尤其是在体育教学中应该将"运动形式"和"科学方法"（健身方法）贯穿于课堂全过程，使其充分展现体育的体质教育内涵，同时应将其推崇的"运动形式"、"科学方法"（健身方法）、健身法则（如全面性、个别性、意识性、适应性、长期性）作为显性内容教授给学生知晓，以培养学生科学健身的能力。

四、评价角度：以体质的增强为主要评定标准

体质教育流派的立论基础是"体育就是体质教育"，因此，该流派认为应该将参加体育锻炼的人的体质增强情况作为体育教育效果的主要评定标准。在徐英超、李兴文、曲宗湖、陈智寿等人的教学实验中，实验效果的检验主要立足于体质增强的情况。

第五章 体质教育流派的代表人物

自 1979 年徐英超率先提出"体质教育"命题、20 世纪 80 年代林笑峰提出体质教育理论后,体质教育流派逐渐形成了一支长期致力于体质教育研究的学术队伍,其中黄震、陶德悦、吴翼鉴、杨时勉、张友龙、董安生、林诗娟、韩丹等学者为体质教育流派理论的丰富与完善做出了重要贡献。本章将从体质教育流派代表人物入手,透过深描进一步展现体质教育流派的理论画卷。

第一节 徐英超——体质教育的首创者

一、关于徐英超

徐英超是美国春田学院硕士,曾任西北联合大学体育系主任、中央体育学院副院长,是"体质教育"的首创人[①]。

徐英超的体质教育思想形成于中华人民共和国成立后,毛泽东在全国体育总会成立大会上题写了"发展体育运动,增强人民体质",基于此,徐英超倡议将"体质教育"作为一门科学进行研究,还筹办了"体质教育研究室",重点探索青少年体质的科学规律,以提高我国国民的体质[②]。

在下基层学校做大样本调查的过程中,徐英超多次因学生体质大幅度下降而流泪,多次为寻找学生体质下降的应对之策而深沉思索。徐英超和曲宗湖反复多次商榷后,明确提出了"体质教育"的指导思想,并及时向时任教育部部长蒋南翔、副部长刘雪初汇报,为对学校体育工作产生深远意义的"扬州会议"打

[①] 徐英超. 体质教育研究初论 [Z]. 1983.
[②] 闫士展,傅建,王若光. 从"提高体质"到"立德树人":扬州会议的历史回顾与学校体育改革的新转向——熊斗寅、曲宗湖、李习友和施永凡学术访谈录 [J]. 体育与科学,2019(4):9-17.

下了理论基础——提出了衡量学校体育质量的主要标准是学生体质的好坏。

1977—1978 年，徐英超不顾 77 岁高龄骑自行车调查了 24 所中学，取得了第一手材料。根据这些材料，徐英超撰写了三个"增强青少年体质"的方案，得到了很多体育教师的称赞并在北京第十九中学进行长期试验，使该校的学生体质和精神面貌有了明显变化，大部分学生能够基本掌握自我测量方法，体质普遍增强。他根据大规模的调查研究和科学试验，写出了论文《体质考查的实验设计和鉴定》，文中涉及了全国范围内广泛存在的体育问题。

1979 年，徐英超在北京体育学院（现北京体育大学）主持建立了体质教育研究室，把体质教育问题作为一门科学进行研究。1983 年，已 83 岁高龄的徐英超完成了《体质教育研究初论》一书，这是徐英超专门为师范院校体育系编写的教材，也为开设体质教育课程提供了可供借鉴、参考的案例。这本书总结了他从教 60 多年的经验教训，成为体质教育研究必备的参考书。

徐英超提出"体质教育"，跟他的个人经历和成长背景有着密切联系，这在郭秀文等学者于 2020 年《北京体育大学学报》第 7 期发表的《徐英超体质教育思想与理论体系的再审思》一文中有详细介绍。

（一）学习和生活经历

徐英超出生在一个条件优渥的家庭，从小热爱运动，擅长体操、摔跤、推合手，身体素质在同龄人中很拔尖。中学时期，他经常被邀请参加体操比赛或是表演吊环等体操项目[1]。考入北京高等师范学校体育专修科后，他的体育技巧更加纯熟，田径、球类、体操、游泳等样样精通[2]。之后，他爱上了骑单车和游泳，平常都骑自行车出行。每到生日，他还会去颐和园游泳。"庆生泳"成了他晚年生活的一部分[3]。此外，徐英超还非常重视健康生活习惯的养成。据他的学生回忆，徐英超平素讲得最多的一句话是："作为一个在中国推行体质教育的体育人，必须懂得并坚持健康的生活方式，否则拿什么去教育他人呢？"[4] 这是他体质教育实践最初且最直接的方式。

---

[1] 徐迪生，徐括，骆达. 徐英超体育实践与体育思想 [M]. 北京：北京体育大学出版社，2018.
[2] 连宁，徐英超. 才望远扬的体育教育家 [J]. 文化史料，1984（8）：196.
[3] 徐迪生，徐括，骆达. 徐英超体育实践与体育思想 [M]. 北京：北京体育大学出版社，2018.
[4] 徐迪生，徐括，骆达. 徐英超体育实践与体育思想 [M]. 北京：北京体育大学出版社，2018.

(二) 一线教学经历

徐英超最初任教的河南中学没有适用的操场,更无体育器械,因此学生的体质状况较差[1]。面对这种情况,徐英超自力更生在学校开展篮球运动,成立了该校历史上第一支篮球队,并通过刻苦训练获得1923年中学生篮球比赛冠军[1]。徐英超以身作则,因材施教,取得了一系列成绩,赢得了学生们的赞誉。据学生回忆,德才兼备的徐英超是师生们共同的榜样[1]。他强调学生必须树立"健康观念",严格要求学生不许抽烟、不许喝酒、早睡早起、勤于锻炼,要求每个人都要养成健康的生活习惯[1]。正是在徐英超的积极推动下,他的学生内外兼修,能力全面,工作态度积极[1]。这些教学经历和成果不断强化徐英超的实践路径和方向。

(三) 率团赴苏联考察的经历

1950年8月,徐英超奉命率团赴苏联进行考察学习。在《苏联体育的几点介绍》一文中,他写道:苏联政府及全体人民重视体育,体育与国家的经济建设与国防建设紧密结合,这是我们努力的方向,我们要积极研究中国的实际情况,学习苏联的先进经验,使中国的体育事业广泛、迅速地发展起来[1]。赴苏联考察是徐英超聚焦国民体质、关注学生体质的新开端。这一经历在拓展他的实践视野的同时,为他的体质教育实践提供了可以参照的现实模板。

(四) 体质调查研究经历

1972—1979年,徐英超走访了200余所学校,他认为:"体育的主要对象是青少年。我国的青少年都要进中小学,中小学正是打好体育基础的时期,因此中小学体育非常需要研究改进。"[2] 这些调研成果融入了他的体质教育实践观念中,不仅催生了对中国学校体育产生重大影响的"扬州会议",还成为开启我国体质教育的重要实践资源。

---

[1]徐英超. 苏联体育的几点介绍 [J]. 新体育,1951 (1):11-14.
[2]徐迪生,徐括,骆达. 徐英超体育实践与体育思想 [M]. 北京:北京体育大学出版社,2018,153。

二、徐英超的主要观点

（一）体育就是体质教育，衡量学校体育质量的主要标准就是学生体质的好坏

"体育是什么"这是徐英超首先回答的问题。在谈到这个问题时，徐英超颇有感慨。他说："体育是什么？这个问题好像很简单，其实不然，各国有各国的目的和解释，各时期有各时期的看法，甚至个人也有不同的观点。例如，有人认为体育是玩玩的事，可有可无。还有人认为技术比赛就是体育，比赛得冠军就是体育教得好。"徐英超认为，美国、苏联两国的体育影响很大，他们办体育有他们的目的。我们是社会主义国家，对他们的办法必须分析取舍，弃其有害于社会主义体育的部分，取其可参考的部分，绝对不可盲目地照搬宣传仿效。

由此可见，徐英超非常强调体育的本土理解，特别提出"我们社会主义国家的体育是什么？体育的目的究竟应该是什么？应当有所依据"。徐英超寻找的理论依据就是马克思、恩格斯和毛泽东关于教育与体育的论述。

徐英超引证马克思的话："未来的教育就是生产劳动同智育和体育相结合，它不仅是提高社会生产的方法，还是造就全面发展的人的唯一方法。"恩格斯在《反杜林论》论教育一章里，批判杜林，说他这位讲教育的，对于体育，什么也不知道。他批判杜林轻视体育的态度，不把体育看作是教育，头脑里没有体育。马克思和恩格斯是从最根本的问题出发，从人类生活实际出发。人类要生存就必须吃饭，人不吃饭是不能生活的。要吃饭就必须劳动，生产粮食。如果要提高社会生活，就必须提高生产，要提高生产，就必须提高科学技术水平、提高智育。体育是用来发展身体、增强体质的，人体是最根本的物质基础。科学技术和智育都是因外界的影响而产生于人的头脑之中，也就是产生于身体又寄存于身体之中。可以说，一切社会财富的生产都离不开身体的作用。徐英超认为，马克思、恩格斯的论述，是唯物主义的教育原理，也是社会主义体育的原理。

徐英超根据马克思、恩格斯对体育是教育的理解，认为体育是体质健康的教育，是提高人体质量的教育。体育是在学校里设置课程，由教师运用教材和教法对学生进行体质教育，进行体质健康的教育，使学生成为身体和精神都健康的人，并将在学校里所受的这种教育带到社会中去形成社会文化。徐英超认为，一

所学校体育卫生搞得好不好，最根本的一条是看学生的体质是否有所增强。①

徐英超认为体育教学应做好以下几项工作：第一，要使学生打好体质基础。第二，进行体质教育，讲健康知识，使学生养成锻炼身体的习惯，知道如何保持健康。第三，使学生上课时活泼活跃、精神愉快。第四，训练学生自治自学的能力。第五，培养实事求是、认真负责的作风。第六，培养学生为集体牺牲个人利益的精神②。

（二）"为什么要体育"

"为什么要体育"这个话题是关于体育存在意义的讨论。在谈及这个问题时，徐英超首先引用了恩格斯在《反杜林论》自然哲学一章中的一段话："生命和生活起源于蛋白质或者说细胞的两种活动能力。一种是有能吸收营养、排泄废物的新陈代谢的活动能力，才产生了生命；另一种是有会收缩和分裂的活动能力，才能生长发育。"人体最根本的能力是活动。如果没有活动能力，就不可能吸收营养、不可能生活。在人类生活中，身体活动是根本。人体因内部生理机能的活动而产生外部的活动能力，外部活动又能促进内部活动能力的发展。用通俗语言概括就是：动才活，活必动；少动活不好，不动活不成。人体因活动而产生、发育、发达，因缺少活动而衰败、死亡。

原始人类产生于自然界，生活在自然界，过着野外经常活动的生活。随着社会发展，人们远离了自然界。尤其是学校学生的生活，为了学科学文化知识，要长时间密集地在室内安静上课、学习，更远离自然界的生活。青少年正处在身体发育时期，如果缺少日光、缺少新鲜空气、缺少身体活动，则身体会受损害，阻碍健康成长。这种损害一时看不出来，但是到了成年以后就会表现出来。因此，有人提出了补救的办法，让学生有一定时间离开教室到户外活动身体，这办法叫作"体育"。

徐英超认为体育和健康关系密切，对于学习和工作年限的影响巨大。尤其在青少年时期，有没有相当的、认真的体育锻炼，是关系一辈子身体健康的事情，必须让青少年在生长发育时期打下强健的体质基础，使他们养成锻炼的习惯，使他们懂得体育锻炼是一辈子的事。

---

①徐英超．体质教育研究初论［Z］．刻印，1983．
②徐英超．体质教育研究初论［Z］．刻印，1983．

徐英超认为尚动符合人类的生理规律，不尚动则违反人体生理规律，儿童喜动即规律使然。我们必须适应人类生活的规律，否则就会使健康受到损害。

（三）不能误以为运动就是体育

为了更好地理解体育，徐英超提出"不能误以为运动就是体育"的观点。徐英超认为："运动是使身体活动的方法，是推动体育的工具。如果只重视运动比赛，只追求运动技术，而不讲如何增强体质、如何保持健康，其结果会违反人体生理规律。不但不能增强体质，反而会损害健康，这就是以为运动比赛就是体育的结果。"在谈到"体育"和"运动"关系时，徐英超说："体育与运动很有关系，搞体育必须通过运动才能达到增强体质的目的，但它们又是两回事。体育是要按人体生理的需要而研究设计增强体质的办法。体育是为了育体的，不能违反生理有损于身体，如果妨碍了身体的发育，那就是盲目的运动而不能叫作体育。"①

（四）主张学校体育活动课程化

1977—1978年徐英超在参观了几十所中学后，发现最严重的是学生锻炼身体的时间问题。学校每周只有2节体育课和每天的课间操，且偏于形式，真正增强体质的效果不大。徐英超认为，学生锻炼身体的时间是第一个重要条件，如果没有相当的时间，那么即使有场地设备也不能被充分利用，无论有多少教材、有多好的体育教师，都难以起作用。要安排足够的锻炼身体的时间，并且保证其时间的利用率，才能避免"详德智而略于体"的偏向。

1977年3月，北京市教育局在《关于加强学校体育工作的几点意见》中明确提出"争取做到每个学生每天有一小时的体育锻炼"。怎么做到呢？徐英超认为，应该将学生在校运动时间全部列入课程时间表之内，用"课"的形式进行，即课程化。

徐英超认为，按要求每个学生每天1小时体育锻炼时间，合每周有360分钟。若按两课两操两活动计算，两课合90分钟，两操每天20~30分钟，合每周有180分钟，两次课外活动各有90分钟，共计360分钟。为了充分保证学生在校锻炼时间及锻炼效果，可以"将6节课时间都安排在课程时间表之内"。

---

①徐英超.体育实践与理论（第二稿）[Z].1978.

但是，学校体育活动课程化会导致体育教师教学工作量的大幅增加，为此徐英超建议采取"一节教学、二节复习、三节提高"的办法，即"一节课为教学课，由体育教师教最基本的运动技能和健康知识；二节课为复习课，复习教师所教的内容，练基本功，采用群众教学法。教师帮助学生组织起来，由学生自己管自己，学生采用定项定量定场地和集体比赛的方法，按教师所教的教材复习锻炼，教师作抽查指导；三节课为提高课，让学生每人选择自己自愿参加的运动项目，再按技能高低分为若干运动队，每队选出队长、副队长各一人带队上课。也可采用定项定量记名次集体比赛的办法进行，教师只负责巡回指导。为进一步减轻教师的教学负担，徐英超建议采用"上大课"（一个年级的各班合起来上课）的形式进行教学，并认为"上大课"不仅可以避免出现教师任课太多的情况，还可减少教师任课的课时。

（五）主张教学内容应选择健身效果好、简单易行的教材

徐英超力主的教学内容选择策略是：健身效果好、简单易行。他说："对于增强体质效果大且适合我国目前中学情况、简便易行的教材，应该多用。对于增强体质效果小的教材少用或不用。对于没有什么效果的教材不用。我参观了几十个学校，发现有些体育课学习基本教材时学生站着的时间占十分之七八。每个学生轮到练习的时间只有几分钟，名为45分钟一节课，但学生实际锻炼身体的时间极少。"[1] 在徐英超的体质教育实验方案中，提供的教材内容主要有短跑（100米、200米和4×100米接力跑）、中距离跑（400米、800米和4×100米接力跑）、长跑（1500米、3000米越野跑）、跨栏跑、跳高、跳远、三级跳远、撑杆跳高、投铅球、掷手榴弹（用掷沙袋代替）。

（六）主张采用群众教学法

徐英超认为："体质教育课的方法是增强体质的方法，不是传习技艺的方法"。体质教育课应该始终遵循人体发展的客观规律，用体育方法对学生进行身体培育。他对体育教学提出了尽量减少使学生站着的时间，尽量使学生活跃活泼的新要求。

为了切实保证锻炼时间、提高锻炼效果，针对当时体育教学手续烦琐的弊

---

[1] 徐英超. 两亿接班人的中小学体质教育需要调查研究 [J]. 北京体育大学学报, 1979 (3): 1-7.

病，徐英超在试验中建议多采用"群众教学法"。他说："这几年参观小学，看到孩子们在两节课之间的 10 分钟，一听到下课铃响就边喊边跳地跑出教室，各自参加活动，有的跳绳，有的跳橡皮筋，有的打球，有的赛跑，有的两人抱在一起摔起跤来，非常活跃、活泼、热闹。当上课铃一响，他们又赶快跑回教室。这样，小学生在这课间的 10 分钟内，等于上了体育课，上得很好！比凯氏①的形式主义、烦琐哲学的教学法要好得多。他们集合和结束都很快，没有浪费的时间，他们不用做准备动作，也不需要做结束动作，在 10 分钟内确实做到 10 分钟的学习和锻炼。如果按凯氏四段去上课，学生规规矩矩地站着的时间约有十之七八，每人学习和锻炼的时间只有几分钟，而小学生们自己在 10 分钟内所上的体育课，比凯氏教法一节课中每个学生得到的学习锻炼时间还多。"②

这种小学生的课间活动给了徐英超很大启发，他认为体育课也应该如此，可以将体育课分为"教学课"和"大课"，即将原来的两节体育课改为只上一节，叫作教学课，另外的课改为上大课。上大课不仅能使学生得到有效锻炼，还可以培养学生自治自学的精神。事实上，青少年对于体育活动是能自己组织的。许多运动方法都是青少年创出的。教师宜帮助学生组织起来，多让学生自己组织，放手让他们在其中学习，使他们养成自觉自治自学的精神。这样可培养学生骨干帮助上课，节省教师的时间和精力，让其观察、研究教材教法问题。

徐英超不仅提出了上"大课"的观点，还在《体质教育研究初论》中对上大课提出了明确要求，具体如下：

（1）在教学课中教师要认真教学，教会学生。
（2）教育学生自己管自己，使其自觉、有组织、有纪律地进行活动。
（3）分班，一般每个班分为两组，男生一组，女生一组，也可分为四组。
（4）培养小干部。观察选择优秀的学生当小组长，要另安排时间向一个年级的各班各组的小组长讲上大课的办法。
（5）计划分配各组锻炼项目的定项定量，写在卡片上，预先交给各小组长，以便小组长带队练习。
（6）将计划分配场地也写在卡片上，以便各小组针对不同的项目在不同的场地练习。

---

①凯氏．是指苏联著名教育家凯洛夫．
②徐英超．体质教育研究初论［Z］．刻印，1983．

(7) 开始上课时，一个年级的学生按各班的次序集合。教师用简短的话说明上课的要求，然后小组各就各位上课。

(8) 教师到各场地巡视各小组上课情况，随时指导①。

(七) 以学生体质增强情况作为主要评定标准

徐英超认为体质教育的学习考核不应以运动技术为主，而应以学生体质增强情况作为主要评定标准。徐英超认为，学校各门文化课都有考核方法，能考查学生的文化程度，学生上体育课每年体质增强多少、毕业时达到什么程度、及格不及格，也应有考核标准，这能考察体质的发展程度②。

第二节 林笑峰——体质教育的领军者

一、关于林笑峰先生

林笑峰原是东北师范大学的教师，之后到华南师范大学工作，任研究生导师和《体育学刊》主编。林笑峰是"体质派和真义体育派"的领头人，是杰出的学者。

林笑峰1953年开始正式从事体育理论教学和科研工作，对国内外身体教育（PE）问题进行考察与研究，并形成独到见解。林笑峰是国内第一个系统深入阐释体育与娱乐、竞技、身体文化之间辩证关系的学者，提出了很多原创性的观点，如竞技是娱乐不是体育、体育是完善人类身体的教育、健身是体育主业、竞技科学与体育科学有别、运动文化体育手段化等③。

林笑峰被认为是我国体育学术自由研究④的开启者，陈琦这样评价林笑峰："他依靠通晓多种外文的优势，把握了世界体育的发展史实，对身体教育、竞技运动、身体娱乐、身体文化等，进行了事实和概念的深刻研判，弄清了它们的科学真实，坚决反对我国现行的认识混乱，特别是把'sport'混称为'体育'的混乱，与之进行了长期的学术斗争。林笑峰是我国体育科学研究的引路人和代表

---

①徐英超. 体质教育研究初论 [Z]. 1983.
②徐英超. 体质教育研究初论 [Z]. 1983.
③陈琦. 林笑峰体育思想评述 [J]. 体育学刊, 2011 (6)：1-5.
④所谓自由研究，即学者自由进行的，为探求研究对象的产生、发展、结构、功能及其概念、命题等的科学真实而进行的"求真"的科学研究。"自由研究"与"工作研究"相对，所谓工作研究，即政府体育行政部门主导的研究，这类研究全由政府主导，提出课题、安排经费、进行评审验收。

者，是无人可以代替的。"①

在 20 世纪 70—80 年代的体育学术讨论中，由于林笑峰始终坚持"Sprots"不是体育，把竞技教育与身体教育（体育）分开的观点，并被暂停授课。重压之下，林笑峰放弃了东北师范大学的工作，于 1984 年南下到广州华南师范大学任教。

张军献在《一位老教育工作者眼中的体育——吴翼鉴先生访谈札记》中回忆道："老林告诉我说，发表了那篇文章（1979 年 7 月 18 日在《体育报》上发表的文章《世界体育科学的动向和我们的新使命》）之后，在国家体委在山东召开的一次会议（1982 年，体育科学理论专题学术研讨会在烟台举行）上，他做了大会发言，从各方面论证体育就是体质教育，不能与竞技混同。他主张搞竞技的人按竞技规律抓好竞技，搞体育的人按教育规律抓好体育，不要认为抓了竞技之后就等于抓了体育。②

事实上，林笑峰对体育学界的贡献，不仅在于坚持或倡导"真义体育"，更在于为当时封闭的体育、狭隘意识的体育开启了一扇窗户，让学者们看到了窗外的体育世界，让更多的体育学者看到体育还有更多的理论、更多的模式，进而形成了一种突破封闭和狭隘意识的潮流或社会力量。韩丹曾直言不讳地说："我从林笑峰那里学到的，就是放眼看世界，从而拓展了思维，开阔了视野，觉得路越走越宽了。"③

二、林笑峰的主要观点

（一）体育是增强体质的教育

林笑峰对体育概念的认识和界定，从来不是个人武断的，而是引经据典的。他说："体育是'指锻炼身体增强体质的教育'，是'以发展体力，增强体质为主要任务的教育'，《新华字典》和《现代汉语词典》中给体育下这样的定义是准确的，充分表明体育是一种教育，简洁而明了。"④

在词语的使用上，林笑峰解释说："体育就是身体教育，也就是体质教育。体育、身体教育和体质教育，它们是同一个词、同一个概念，只是字样和字数的

---

①陈琦. 林笑峰体育思想评述 [J]. 体育学刊, 2011 (6)：1-5.
②张军献. 一位老教育工作者眼中的体育——吴翼鉴先生访谈札记 [J]. 体育学刊, 2011 (2)：1-4.
③韩丹. 林笑峰先生体育思想评析 [J]. 哈尔滨体育学院学报, 2014 (1)：1-12.
④杨文轩，林笑峰，郑俊武，等. 体育学原理论著选读 [M]. 广东：广东高等教育出版社, 1996.

繁简之别而已。"②

为了同国内泛化的"体育"概念相区别，林笑峰进一步引入了"真义体育"这一术语。他说："体育的真义，确是身体的教育，即增强体质的教育。"②

"身体的教育"是体育的真义，更是体育最本质的特征。人以身体的运动为主要手段，对自己的身心进行培育、锻炼和养护，这是体育的基本内容；增进健康，增强体质是体育的首要目标①。

（二）竞技是娱乐，不是体育

如果说"Physical Education"是体育，那么"Sport"是什么？也可以叫"体育"吗？很多人的回答是"Yes"，但是林笑峰会决然地说"No"。

1963年俄文版《体育和竞技百科辞典》中用很多文字高度评价和描述了竞技在身体教育上的作用，但是并没有论述竞技就是体育，而是明确地指出了"按照教育活动的性质和运动员活动的特点，竞技项目本身在此二者之间有着本质上的区别"①。

竞技是比赛身体运动技术和能力的身体娱乐活动过程，是身体娱乐的一部分，它包括群众性的竞技和优秀选手的竞技，优秀选手的竞技又分为业余的竞技和职业的竞技。①

竞技的概念，外国古代是用"Athletics"这个名词来标记，19世纪以后逐渐改用"Sport"，现在世界上许多国家都用"Sport"标记竞技的概念。

说娱乐和体育有区别，容易被人接受；说竞技不是体育，则难以令人接受的。但是，事实上竞技确实属于娱乐的范畴，而不属于体育范畴，尽管它具有巨大的身体教育价值，甚至有些竞技运动可以作为体育的手段，但也仅是价值和手段而已②。

从教育作用来说，一场竞赛比一位体育教师给学生上一次体育课的价值要大得多，但是，竞技仍然不是体育。这就如一场好戏的教育价值要比教师上一堂课的教育价值大得多，但戏剧仍然是属于文化娱乐而不能成为教育。竞技跟戏剧一样，是按文化娱乐的目标、规律、方式、方法进行的。演戏代替不了教育，竞技代替不了体育，这是同一道理①。

---

①杨文轩，林笑峰，郑俊武，等．体育学原理论著选读［M］．广州：广东高等教育出版社，1996.
②杨文轩，林笑峰，郑俊武，等．体育学原理论著选读［M］．广州：广东高等教育出版社，1996.

（三）健身是体育之业，体育是健身的教育

健身这个命题的含义是"建设人的身体，或健全人的身体，或增强人的体质"[①]。

运动是健身的一种手段，但并非所有的运动都能作为健身手段，文化娱乐竞技运动多数不能作为健身手段，可以作为健身手段的是那些简易的身体运动。现代科学证明，运动健身的效果主要取决于适度的生理负荷（强度、频度、时间）[①]。

健身运动可以采用文化娱乐竞技运动的形式，也可以不用该形式。普通劳动者在工作和生活中主要使用简易的身体运动去健身，他们没有进行文化娱乐竞技专项运动训练、表演、比赛的条件，实际上健身运动也不需要像竞技运动那样训练、表演、比赛。健身运动与文化娱乐竞技运动虽然同是身体运动，但它们之间有本质的区别，形式方法不用，目标要求也不同。真义体育不能无业，不能以运动为业，必须以健身为业[①]。

健身与体育的关系密切，健身是体育的业务，体育则是健身的教育或增强体质的教育，两者之间是专业与专业教育的关系，相互依存，不可分割[②]。具体而言，若健身是卫星，则体育是运载健身的火箭，健身需要体育这个载体，体育是健身专用的运载工具，若以体育之名从事非健身业务，就丢失了健身主业[②]。真正的体育，不是德育、智育、美育、运动教育、竞技教育，而是完善人体、建设人体、优化体质的教育，其他任何教育都不应该顶替体育的主业[②]。

林笑峰认为，健身学应是学校体育的主业。林笑峰所设想的健身学包括健身课程、健身方法与健身教材三部分。这三部分相辅相成、不可分割。居于核心地位的是健身课，它有别于一般意义上的体育课（运动课），不以提高运动技术为目标，而是以增强体质为目标。健身教材是健身课的具体内容，教材体系的设计打破了传统的以竞技运动为中心的思路，重在培养青少年终身健身的意识。健身方法则是健身课的贯彻手段，它不追求取乐，而是注重身体优化。林笑峰强调，健身课是中国特有的真义体育课，不使用体育课之名，就是为了避免造成思想意识的混乱与僵化。

（四）运动教学和身体锻炼不是一回事

运动教学和身体锻炼是两回事，不是一回事。

---

① 杨文轩，林笑峰，郑俊武，等. 体育学原理论著选读 [M]. 广州：广东高等教育出版社，1996.
② 林笑峰. 健身教育论 [M]. 长春：东北师范大学出版社，2008.

曾经世界各国的体育行业都是以传习各种运动技术为业，并不真正研究人体发展和增强体质事。普通学校都设有体育课，但是，在体育课上一般忙于各种各样的运动技术教学，并不真正去进行学生的身体教育——锻炼和发展学生的身体素质。教师只对运动技术负责，不对学生的身体素质负责。口头上承认发展身体是体育的首要任务，实际专门研究运动技战术及其教学。

传习式体育这种说法初见于1977年8月25日前川峰雄在"现代体育方法学"研究会上的报告中。前川峰雄把那种只注重运动技术传习、不研究如何发展身体、不顾国民体质的体育叫作传习式体育。传习式体育的弊病主要在于它错误地把运动技术的传习视为体育的本质，否定对真正的体育本质——人体锻炼和发展的研究。我们不能把体育方法和教学方法混为一谈，真正的体育方法是应用体育手段对人体进行锻炼的方法，而不是传授运动技术的教学法。

在论述"运动教学"和"身体锻炼"关系时，林笑峰引用了美国桑代克（Thomdike）和劳伦斯（Lawrence）[①]的观点，以显示美国学界对此问题看法的变化。

美国20世纪30—40年代在体育思想方法上起主导作用的是桑代克。当时美国通用的体育教学理论——"教学三定律：准备律、练习律、效果律"就是桑代克提出的。

桑代克认为体育过程仅是传习技艺的过程，学会技艺、获得心理上的满足是体育所追求的目的。他说："体育的主要作用是教育人如何将闲暇时间用于有益的娱乐，以及如何参与和享受许多兴趣浓厚的动机活动。此种作用的目的并不在于促进身体健康，而在于满足驱使人参与此种活动的内部需求。参与此种活动的方法适当，则健康为必然的副产品。"[②] 桑代克等主张在技艺学习上得到满足就是体育的目的，唯有传习技艺才是体育中最紧要的事，因此有人把他们称为行为主义者。在这种行为主义的体育中，他们对技艺和体质的关系问题分析得很清楚，增强体质不是他们所追求的目的，而是副产品，这就是桑代克的副产品论。

劳伦斯通过对宇航员的反复科学实验告诉体育界，如果只是身体活动并不重要，重要的在于作用多少力量、运动给身体的作用。他认为，假如你的目的不是表演、不是击败别人，而是增强你的体质，那么你的注意力就不要放在外表的效

[①]劳伦斯，美国洛杉矶加州大学运动生理学教授，有12本生理学方面的著作，他所著的《运动生理学》在美国和其他一些国家作为大学教科书蓝本已发行7版。1968年，美国科学院决定由他去研究和解决宇航中的种种体育问题。

[②]王学政. 体育概论[M]. 上海：商务印书馆，1945.

果上，而要放在体内机能的增强上。如果你的目的是使身体各组织器官的机能更为健全——心血管和肺部的状况更为良好、骨骼更坚实、肌肉更强健，就不该去追求动作形式的表现，而应该追求动作给身体带来的效果。

劳伦斯认为，应当从人体内部而非外在的行为表现来研究问题。他认为，动作表现良好和身体强健完全是两回事。如果有两个人同时使用同一种运动锻炼，其中一个人并不满足于动作行为的表现，且注意健身的作用，比另一个人加倍用力，那么他体质强健的程度也会比对方加倍。桑代克专门主张从动作表现来研究问题，并且认为获得动作行为上的满足，就达到了目的。在这一点上，劳伦斯和桑代克思想上的差别十分鲜明。

劳伦斯认为，运动不一定是健康的，认为运动就可以使人健康是一种错误观念。运动实际上是消耗体力，可能伤害身体。但是，适度运动能使人身体健壮。不能把"用力"和"动作"混为一谈，用力是指人体所消耗的体能，而动作是由用力产生的身体行为。动作可用力量和移动速度来计算，而在生理上动作是指一个人身体活动时其内部机能的反应，如新陈代谢作用、出汗和循环等。当你骑自行车时，我可以看出你骑车的动作，但我不知道你究竟出了多少力。当我用心速仪测量你的脉搏时，可以知道你消耗了多少能量，但我不知道你完成动作的情况。劳伦斯认为，在健身运动中不必关心动作完成得怎样，而应关心运动者心跳的频率。

在劳伦斯看来，为了健身不需要什么特殊的运动，不要把竞技运动和真正的健身运动混为一谈，健身运动不是和别人竞争。

（五）体育教学法和体育方法学是不同的

林笑峰认为：体育方法学和体育教学法是两个不同的概念。

教学法，是教师把知识技能传授给学生的方法。所谓体育教学法，就是运动教学法。过去体育理论的教学论中所讲的运动技能形成的规律、掌握技能的积极自觉性、直观性、系统连贯性、可接受性、巩固性等教学原则和示范、讲解、练习、改正动作错误、整体与分解练习等教学方法，都属于知识技能传授的原则和方法。

体育方法，是身体教育的方法，是应用各种体育手段来锻炼身体、增强体质的方法，包括负荷锻炼、重复锻炼、连续锻炼、间歇锻炼、变换锻炼、综合锻炼、巡回锻炼等常用方法。身体锻炼的方法很多，都可以称为体育方法。

教学法是智育的方法，不是体育的方法。若说教学法也算是体育方法，那么它也只能是体育的预备方法，而不是主要方法。体育教学法用于学会运动，而体育方法用于通过已学会的运动来锻炼身体、增强体质，因此说体育教学法是体育的预备方法，体育方法是实际运动锻炼身体的方法。

第三节 黄震——体质教育的坚定支持者

一、关于黄震

黄震，曾是华东师范大学体育系教授，是体育教育家，1937年毕业于上海大夏大学体育科，一生致力于体育教育事业的改革和发展，潜心研究学校体育理论，曾在《教育研究》《光明日报》《文汇报》《体育学刊》等报刊上发表多篇论文。1954年，黄震倡议在高校开设体育专项课程，并首先在华东师范大学试行，其后在全国形成一定的影响。他极力反对学校体育以竞技运动为中心，主张学校体育突破竞技模式，以增强学生体质、提高学生素质为核心。

黄震和林笑峰是多年好友，也是林笑峰学术观点的坚定支持者。1984年林笑峰南下时，黄震就曾挽留林笑峰在华东师范大学任教。黄震曾发表《学校体育的重点是增强学生的体质》等文章（表4-2）阐述自己的体质教育观。

二、黄震的主要观点

(一) 体育和竞技是两码事，体育教师和竞技教练不同业

黄震在1995年《体育学刊》第一期发表的《释体育说竞技》一文中，明确指出竞技（Sport Athletics）传入我国之后就和体育（Physical Education）混在一起，都叫作"体育"。我们忽略了它们的区别，一直混淆不清。竞技是与对手较量给人们观赏的运动文化娱乐活动，具有引人入胜的魅力。竞技比赛如戏剧演出一样供人们观赏，满足观众寻求快乐的心理需要。

黄震认为，我国长期混淆体育和竞技，误以竞技为体育，然而体育和竞技是两码事，体育教师和竞技教练不同业。一些体育系学科以竞技运动为业，不学习研究全民健身，体育教师多热衷于竞技训练工作，在体育课中多教授竞技专项运动，而大多数学生本没有成为运动员的条件和希望，因此对体育课产生很大的厌烦情绪，给体育事业造成很大的危害和损失。

(二) 体育课应从"传技课"转变为"增强体质课"

黄震在《泛谈学校体育的体质教育》一文中，对各年龄段学校体育的教育侧重点提出自己的意见。

黄震认为，学前体育和义务教育的学校领导和体育教师，应多研究学生生长发育的情况，以此选择各级学校的体育教材。学前及小学体育教育应选择使学生生理需要得到满足的运动，鼓励学生自主活动，满足他们的身心需要。到初中，学生身体发育迅速，求取身体发展的欲望日益增加，此时体育教育除教以增强体质的运动方法外，还要教一些保健知识。高中的学生进入青春期，发育基本完成，因此增强体质的锻炼应更多考虑其个性的需要，健身活动宜多有选择。高校体育不宜用几个运动项目框住学生，更不能用烦琐的办法浪费学生的时间。教师应多研究有利于智能发育的体质锻炼方法，多教授有利于专业学习的健身知识。体育课应从"传技课"转变为"增强体质课"[①]。

(三) 体育要培养学生锻炼身体的能力

针对"很多学生上了多年的体育课，离开了教师的辅导就不会自己组织锻炼活动"这一现实问题，黄震认为，体育应该培养学生锻炼身体的能力，靠以运动技术为中心的传习式教育法，只能使学生获得模仿动作的能力，而不能培养学生独立锻炼身体的能力。

培养体育能力需要传授什么样的知识、技能和方法呢？是不是只有用秒表和米尺为标准才能衡量体育能力？在这一问题上，黄震的态度是很坚定的，他明确地说："体育过程中以竞技运动做教材内容，这是培养学生锻炼身体能力的一大障碍"，"体育跟竞技有着本质区别，它们是完全不同的两码事。不能把竞技的知识、技术、方法原封不动地当作体育的教材内容。因为竞技场上运动精英所掌握的知识技能，其目的在于夺金牌。在学校体育中，竞技运动只能作为一种手段，主要目的在于通过改制、学习竞技运动来培养人们适应社会生活所需要的身体机能，发展提高生产力所需要的活动能力。"[②]

另外，黄震还阐明了"竞技=竞赛"的误区。他认为，体育必须有竞赛，而

---

① 黄震. 泛谈学校体育的体质教育 [J]. 体育学刊, 1999 (1): 3-4.
② 黄震. 体育要培养学生锻炼身体的能力 [J]. 体育学通讯, 1991 (1): 77.

竞赛不等于竞技。竞技是经过特殊训练的精英们的比赛，竞赛是群众中任何人都可以进行的一种身体活动。

第四节　陶德悦——体质教育实验的推动者

一、关于陶德悦

陶德悦是福建师范大学教授、杰出的教育工作者，也是体质教育流派的重要支持者。陶德悦与林笑峰是学术挚友，也给予陈智寿的健身教育实验以莫大的支持。陶德悦曾发表《"体育"与"运动"不能混淆——谈谈"发展体育运动，增强人民体质"》等文章（表4-2）阐明自己的体育观点。

二、陶德悦的主要观点

（一）运动竞技与体育是两码事

陶德悦认为，长期以来，人们对"体育"和"运动"这两个基本概念的理解存在较大分歧。多年来，人们把增强体质和掌握运动技术混为一谈，"体育就是运动""运动就是比赛"的观念一直束缚着人们的思想。针对概念的混淆，陶德悦明确指出，运动竞技和体育是两码事。

他说："亚运会那些奥林匹克竞技项目，实事求是地说叫作高级运动竞技，因为它是高度的技艺，竞赛方法按国际专项协会制定的规则，竞赛结果（成绩）要取得社会公认。在国外有关文献上叫 Olympic Games，从来没有人把它叫体育。因为那些高级运动竞技的手段是先进的运动技艺，是通过精选的优秀运动员最大限度地发挥身心潜力来进行的，其现实目的是创造优异成绩或获胜。

体育（即身体教育）是教育的组成部分，它的对象是所有人，采用的手段是体育运动、自然力、生活制度、卫生保健措施等，所要达到的目的是增强体质、促进健康、协调身心和祛病延寿。体育中也有一些作为手段且技艺性不高的竞技运动，可适应所有人，以满足人们对竞争的爱好和个性需要，并促进人们经常从事身体锻炼。

以上说明运动竞技与体育是两码事。运动竞技与身体教育是两种对象，其手段和目的有本质区别。"①

（二）对于正在生长发育的青少年，体育的目的是增强体质

对于正在生长发育的青少年，体育的目的是增强体质，具体如下。

（1）促进身体正常发育，培养正确的身体姿势。

（2）发展生理机能、对环境的适应力、对疾病的抵抗力。

（3）提高身体素质和基本活动能力（采用各种运动技术作为手段）。

（4）密切配合德育、智育和美育，使青少年身心健康、生活丰富、终生从事身体锻炼。

（5）学校运动队积极发现和选拔有运动潜力的少年儿童，从小培养，打下运动技术基础。在身体形态、身体素质、机能和基本活动能力及体格检查等方面进行体育成绩查考，将各学期学生身体锻炼实效进行比较，以评定体育教学效果。

第五节 吴翼鉴——教育家中的体育家

一、关于吴翼鉴

吴翼鉴是江西知名的教育家，著有《吴翼鉴教育文集》《教育人生》等专著，在刊物发表文章195篇，其中与体育相关的文章有69篇。吴翼鉴虽然是教育界名人，但学术领域宽广，对心理学、教育学、体育学都有涉猎。多年的教育经历及教育行政管理经验使吴翼鉴对教育基本理论有深刻的认识。在体育基本理论的研究方面，他同样有独到的见解，成为与徐英超、林笑峰、韩丹等齐名的学者，是体育的教育本质观的拥护者②。

吴翼鉴与体育的不解之缘，一方面源于自身经历，另一方面源于林笑峰。

吴翼鉴一生从事教育，在小学、初中、高中、中等师范、大学都教过书。吴翼鉴说："在前30年中，德智体三育我最不重视的莫过于体育了。"自1954年起，吴翼鉴在实践中逐渐认识到，"德智体"全面发展，少了"体"什么也干不成。"体"是基础，是物质条件。品质再好，身体不行也不能为人民服务；学问再好，身体不行，也不能发挥作用。因此，他认为在学校教育中，体育不能不

---

①陶德悦．实事求是，按各自的规律办运动竞技与体育 [J]．体育学通讯，1991（1）：7-8.
②张军献．一位老教育工作者眼中的体育——吴翼鉴先生访谈札记 [J]．体育学刊，2011（2）：1-4.

抓。之后，吴翼鉴发现青少年儿童的体质状况不尽如人意，因而开始对体育进行学习和研究。他说："只有关注青少年儿童的健康，才能弥补我对数以万计的学生欠下的'健康债'。"

1983年，正当吴翼鉴对体育研究产生兴趣时，他无意中看到了林笑峰在《武汉体育学院学报》发表的文章——《自然体育和现代体育科学化》。这篇文章主要讨论体育概念问题，认为体育和竞技是两码事，有质的不同，不能混为一谈。随后，吴翼鉴也写了一篇文章，题目是《关于"体育"概念讨论的意义何在?》，支持林笑峰的观点，并发表在《武汉体育学院学报》上。事后，吴翼鉴回忆说："我真正对体育下功夫是看到林笑峰的一篇文章，我看了之后，觉得非常有新意，从此开始涉足体育领域。"1983—2007年，吴翼鉴先后发表了《关于"体育"概念讨论的意义何在?》等文章（表4-2）表明了自己的学术立场，支持体质教育。

二、吴翼鉴的主要观点

（一）主张真正的体育是身体的教育，是发展身体的教育，是增强体质的教育，拥护"真义体育"

2011年，张军献在《体育学刊》上发表了一篇题为《一位老教育工作者眼中的体育——吴翼鉴先生访谈札记》的文章。该文中，张军献问了吴翼鉴一个问题："从您的著作中看到您与体育界的许多名人都有书信往来，徐英超、林诗娟、还有韩丹老师。对于他们的学术思想和观点，您是否赞同？"

吴翼鉴毫不隐讳地回答："徐英超是元老，北体的创始人、副院长。你说的这些都是'体质派'的人物，北京的徐英超、广东的林笑峰、上海的黄震、福建的陶德悦、山西的董安生。韩丹原来是从某角度主张大体育观点，后来转变为真义体育观，曾写了很多篇文章来叙述'真义体育观'。这些人都是'体质派'的，我们的基本观点是一致的。"

吴翼鉴坚定不移地支持体育就是体质教育的观点，同时还进行了有力的论证。例如，吴翼鉴于2007年在体育学刊发表了《各司其职 比翼齐飞——伍绍祖同志答记者问读后感》的文章，文中阐述了两个观点，具体如下：

第一，伍绍祖阐明了体育的总目标和根本任务，批判了体育就是"拿金牌"的观点。伍绍祖指出，必须明确体育的总目标是增强人民体质，基本任务是"发展体育运动,增强人民体质""体质关系到人民的根本利益,中国设置体育部门的根本目的是提高人民体质,而不是拿金牌""党和政府办体育事业的根本目的是解决全民族的身体素质问题",并强调"这个问题是我在20世纪90年代初才搞清楚的,但现在许多同志,包括体育总局的一些同志,还只是想着拿金牌"。可以看出,伍绍祖讲的体育不以夺金牌为目的,但他没有否定竞技体育夺金牌的价值。

第二,伍绍祖以极大的勇气和胆识承认了自己工作中最大的失误是"群众体育没有搞好"。伍绍祖坦言,自己11多年来在体委工作中最大的失误是群众体育没有搞好。他指出,"我们群众体育叫得多、做得少。没有真正重视'增强人民体质'""体委只抓金牌,不抓体质,是本末倒置,是形而上学的"。①

(二)倡导"身心一元论",主张"生物体育观",认为"唯生物论"是对体质教育流派的曲解

作为后来加入体质教育流派的学者,吴翼鉴对学界将体质教育流派歪曲理解成"唯生物论"的言行表示极为不满。吴翼鉴指出,体质教育流派的观点是体育就是体质教育,是增强学生体质的教育,体育是教育的范畴,不是娱乐。据此,"有人认为体质派的人是'唯生物论''不讲心理''不讲社会''单讲体质',但是我们不同意,按照一元论的观点,身心是联系在一起的。灵魂不在了,肉体就不存在了;肉体不存在了,灵魂也就不存在了,怎么能说成两码事?讲到社会,教育就是社会活动,体育作为教育的一部分当然也是社会活动"②。

吴翼鉴对"唯生物论"的反驳还体现在与胡小明商榷的一篇文章中。1999年,胡小明在《学校体育》杂志第二期发表题为《人文体育观的渐入与生物体育观的淡出》的一篇文章。该文力推人文主义精神,批驳增强体质,把增强体质的观点贬为"生物体育观",斥责这种观点"无'人'",要"淡出",使增强体质的教育——真正的体育寿终正寝,让人文主义精神取而代之。吴翼鉴不赞同胡小明的观点,于是同年在《体育学刊》发表题为《增强人的体质,是体育无"人"吗?》一文与之辩论。

吴翼鉴在该文中明确表态,真正的体育——增强体质的教育必须以增强人的体质为主,更不能从体育中"淡出"。吴翼鉴认为,胡小明对增强体质观点的种

---

①吴翼鉴.各司其职 比翼齐飞——伍绍祖同志答记者问读后感 [J].体育学刊,2007(4):17-18.
②张军献.一位老教育工作者眼中的体育——吴翼鉴先生访谈札记 [J].体育学刊,2011(2):1-4.

种指责，如"眼光表浅""以静态和局部的眼光看体育""是生物学的低层次""只是板着脸训练学习""是单调而枯燥的教学""只是教学规则的汇集""是一堆按疾索药的运动处方""失去了对人的关怀""是忘记了'人'的本身"，面对胡小明所谓增强体质的观点"无'人'"的说法，吴翼鉴发出了"体质也不算'人本身'了"的质疑。

吴翼鉴觉得，认为体质教育流派的观点"无'人'"是对人的体质的无知。人实属生物，可人非草木，增强人的体质确非增强草木的体质。研究人的体质问题需要用到生物科学，但应用生物科学某些知识解决增强体质的问题，绝非视人体如草木。研究人的体质问题不可能脱离体质反映的精神。若无人的身体，则哪有人的精神。"体育者，养乎吾生，乐乎吾心"。只有健全的精神寓于健全身体中才能称得上是身体健康的人。体育不仅是"育身"，还是"育心"。体育的"育心"与德、智、美的"育心"有区别，是从增强体质方面去"育心"。

2011年，在张军献对吴翼鉴的访谈札记中，吴翼鉴明确表示："我主张生物体育观，生物体育观并没有什么不好，增强体质即'以人为本'，因为增强体质是人民的最大利益，健康是第一位的。"

（三）反对体育的"多目的论"，认为增强体质的教育以传授增强体质的知识技能和从身体全面发展方面培育人为唯一目的

面对体育的"多目的论"，吴翼鉴的立场是十分明确的。他说："我确切地认为，真正的体育是身体的教育，是发展身体的教育，是增强体质的教育。我认为，增强体质的教育以传授增强体质的知识技能和从身体全面发展方面培育人为唯一目的，这是正确的①。"

吴翼鉴的立场具体如下。

第一，他认为"目无二的"。目的，是行动的归宿，是行动所要取得的结果。目的决定行动的方向和行为方式，而行动方向和行为方式是能否达到目的的决定性因素。南辕北辙是达不到目的的。每个具体的目的都有它从起点到终点的固定方向。一个视线直达的视点是目的，一个视线只能达到一个视点，即"目无二的"。射箭的靶子，正如马克思所说："一个目的如不是特定的目的，就不能

---

①吴翼鉴. 体育目的问题之我见 [J]. 体育学刊，1995（3）：19-21.

称其为目的。"① 在实践中，一个行动只能按一个方向和一定的行为方式去达到一个目的。若想达到另一目的，就需要采取另一个目的所决定的方向和行为方式。采用一个方向和一种行为方式达到多个目的，是不可能的。

第二，本质决定目的。任何一件事情，其目的是什么，取决于这件事情的本质。任何一件事情的本质，起决定性作用的因素都是单纯的或单一的。若由多因素来决定，则它们就失去了决定性作用，什么都决定不了。哲学上所讲的本质的单纯性是人类几千年的结论。若是否定这一结论，我们就无从认识一个事物。

第三，结果是目的，但作用不是。办一件事，取得一个结果或达到一个目的可能有几种作用，结果是一个而作用可能是多方面的。结果是结果，作用是作用，结果和作用不可混同。若失去了这一结果，就失去了这一结果可能产生的多种作用。在实践中，若结果和作用不分，把作用当作结果去追求，舍本逐末，就会导致全盘失败。结果是目的，目的是直接的。作用是间接的，间接的作用并非直接的目的。办一件事取得一个结果，而这个结果产生多种作用。这说明增强体质（强筋骨）是根本，其他作用是由这一根本而生的。

把两种或几种不同的事混同为一件事，又不能否定几件事各自所有的目的，就产生了"一件事"多目的的想法。这种差错是由对不同事物缺乏本质分析造成的。

吴翼鉴在对目的进行解读的基础上，认为"体质派"和"大体育观"对体育目的认识的差别，主要在于对体育本质的理解。"大体育观"认为体育是运动教育，重视提高运动技术水平，提高运动技术水平应该成为体育的目的。他们倡导"体育是通过运动进行的教育"，认为运动技术水平提高了，体质也就自然增强了。"体质派"认为，唯有"身体的教育才是真正的体育，即增强体质的教育，增强体质就是体育的目的。

在对"大体育观"和"体质派"观点进行反复分析后，吴翼鉴明确表达了自己的立场："我认为'体质派'的基本观点是正确的，因此要为此而辩护。"

吴翼鉴提出，增强体质的教育以传授增强体质的知识技能和从身体全面发展方面去培育人为唯一目的，其多方面的作用并非目的。因为体育是增强体质的教育，它不是德育、智育、美育、劳动技术教育，也不是娱乐竞技教育。体育，不可能在增强体质的同时达到德育、智育、美育、劳动技术教育的目的，也不可能达到竞技的目的。若体育放弃增强体质这一目的，或在增强体质的同时达到德

---

①马克思，恩格斯. 马克思恩格斯全集［M］. 北京：人民出版社，2016.

育、智育、美育、劳动技术教育，以及竞技的目的，那么它就不能称为体育了，就变成了无所不包的综合教育。"多目的"论很像体育万能论。体育不是万能的，达到增强体质的目的是根本。其他方面的作用和任务应该尽其所能，不可忽视，但不是根本、不是目的。

第六节 杨时勉——最早的理论应授者

一、关于杨时勉

杨时勉，毕业于上海东亚体育专科学校，曾任职于九江同文中学、南昌一中、上海新建中学（在兴国）、九江女子师范、九江师范、九江市教育局。杨时勉与林笑峰是学术至交，发表《试论"体质教育"与"体育教学"》等文章（表4-2）对体质教育进行理论应援。

二、杨时勉的主要观点

（一）体育过程中最重要的是应用体育运动来锻炼人的身体，而不是体育运动本身

杨时勉在1980年发表的《试论"体质教育"与"体育教学"》一文中，开篇就指出"'体质教育'（存在论），是把着眼点放在人体的发展上，视身体先于运动技术，使人体形态、机能和能力发展得更加理想、完美。体育过程中最重要的是应用体育运动来锻炼人的身体，而不是体育运动的本身"。

在探寻理论依据时，杨时勉和林笑峰观点一致，都将"发展体育运动，增强人民体质"作为思想根基，认为这句话早指出了"运动与体质的主从关系"。杨时勉批评"副产品论"[①]，认为这种观点是把体育运动的手段当成了体育目的。同时，杨时勉还通过对现实生活的观察，说明"基本活动技能的实用性"。杨时勉认为："越来越多的男女老少，经常在运用最简单的活动形式，如慢跑、做操、打拳……进行身体锻炼。这些活动，并不一定需要多少技术因素，也无须什么竞技形式，完全可以用人的基本活动技能来进行，而对于增强体质可起到良好的作

[①] "副产品论"，是指将体育教学的着眼点放在运动技术的传习上，把身体发展当做传习技术的副产品。

用。实践证明,这种不追求技艺形式、只以锻炼实效为目标的'体质教育'的独特过程,以一般身体运动为手段,以锻炼身体实效为目的,完全不同于追求表演、技艺形式的'体育教学'。"因此,"真正的体育方法,应该是用各种体育手段进行'体质教育',而不是进行传习式的只重视运动技术的'体育教学'"①。

基于前面的认识,杨时勉认为:"不能单纯地把体育技能形成的规律,当作'体质教育'的理论基础。'体质教育'的理论根据,应该是人体本身发展的规律性和体质的增强或减弱,以及这些强弱变化的发生和发展规律……'适度的超量负荷、合理的间歇时间和经常的身体锻炼',是增强体质、取得良好效果的重要依据和基本规律。"

(二) 体育教学的主导思想、目的和归宿,只能以增强学生体质为主

杨时勉明确反对"运动技术为主"和"提高技术与增强体质都为主"的体育教学思想,认为这混淆了目的和手段,把为增强体质所采取的手段与教学目的等同起来了。

杨时勉认为:"掌握技术的目的是更好地增强体质。在体育教学思想上,应明确以增强学生体质、使青少年身心得到正常发展为出发点……体育教学要完成有效地直接锻炼学生身体、增强学生体质的根本任务。要在增强体质的目标下,选择一些适合学生身心特点和方便教学的运动项目作为锻炼身体的手段。把学习体育知识技能与锻炼身体、增强体质有机地结合起来。在体育教学中,必须明确技术是为锻炼身体服务的。因此,既要防止唯体育知识技能论的偏向,也要防止忽视体育知识技能的传授。要从增强学生体质的指导思想出发,并以此作为标准来检验效果。"②

(三) 学校体育竞赛,要面向全体学生

杨时勉认为,学校体育的目的是"全面、有效地增强学生体质",因此学校体育竞赛应该面向全体学生,以动员更多的人积极参加身体锻炼。为此,杨时勉在 1984 年发表的《对中小学校体育改革的几点设想》一文中,对面向全体学生的体育竞赛提出了自己的建议。

---

①杨时勉. 试论"体质教育"与"体育教学"[J]. 体育教学与训练, 1980 (4): 42-44.
②杨时勉. 体育教学应以增强体质为主 [J]. 学校体育, 1987 (2): 45.

例如,"田径运动会要结合课外体育活动,先搞单项竞赛,规定每项每班男女生各有10人或更多人参加,以参加者的平均成绩排列名次,再在各班取若干名举行年级赛,最后取若干名进行全校竞赛。这样可动员更多的人积极参加身体锻炼"。"球类比赛也采取多人制形式,如篮球、足球、排球、乒乓球,规定每班的报名人数为上场人数的3~4倍。以篮球为例,第一节上场五人,第二、第三、第四节必须更换五个新人,使更多的人参加活动、关心活动。""锻炼标准项目在学习和进行一段时间的锻炼后,也可采用小组、班级、年级竞赛的办法。凡是达标的学生,都可担任裁判、记录、统计等工作。做到人人参加锻炼、人人关心达标、人人学会裁判、人人能作统计,使达标工作成为学生自己的事。"

第七节 张友龙——最早的体质教育团队成员

一、关于张友龙

张友龙,是我国体育教育工作者,是湖南省教科学院首批正教授级研究员。在20世纪70年代末展开的体育理论大讨论中,张友龙是林笑峰观点的坚定支持者。张友龙对体质教育的首篇应援文章《全面发展教育中的体育》[①] 发表于1982年上海体育学院学报,1983—1999年又先后发表了《体育的真义与真义体育》等文章(表4-2)阐述自己的体质教育观点。

二、张友龙的主要观点

(一) 体育是以发展身体为核心的教育过程,即体质教育

在《全面发展教育中的体育》一文中,张友龙首先对随着社会发展体育概念在我国出现的泛化现象即"大体育"表示理解。但是,张友龙认为,不能因此忘却体育是以发展身体为核心的教育过程,"体育是一个以发展身体为核心的教育过程,促使儿童和青少年在身体形态、机能、能力(包括身体素质与活动能力)和精神方面得到充分的、均衡的、协调的发展,成为身心健全的一代,这就是体育的实质……这是体育与竞技运动、娱乐活动和保健工作的区别所在"。

---

①张友龙. 全面发展教育中的体育 [J]. 上海体育学院学报, 1982 (4): 8, 9-12.

同时，张友龙在《对当前我国学校体育改革若干基本问题的思考》一文中进一步明确"我所说的体育主要指增强体质的教育。照此理解，体育不只是学校教育中的事，它具有社会性，含有一般文化特征，在社会和家庭中也可以进行这种教育……学校体育是有计划的、最集中、最典型、最有成效的体育。"

(二) 以体为对象，以育为内容，以培养人为目的，是体育的真义

面对林笑峰因反对"大体育"而提出的"真义体育"，张友龙持积极态度，并撰文《体育的真义与真义体育》进行应援。

张友龙认为，真义体育是具有教育属性的体育，以体为对象，以育为内容，以培养人为目的，是体育的真义，即体质教育。面对国内对体质教育唯生物论的批判，张友龙用"身心一元论"的观点进行了驳斥，认为"体质应该是人体身心两方面的统一体。国际上许多学者也用身心一元理论来研究体育。美国的戴维斯（Davis）指出，'如果没有身体活动，我们就没有表现精神力、艺术感情和观察力等手段'。德国的格罗尔（H. Groll）在解释健康时说，'所谓健康，就整体而言，它既促进身体健康，又促进精神的形成'。日本的阿部忍认为，'在体育中精神形成和身体形成是同时的'。按一元论的观点来理解体质的内涵，体质既包括身，又包括心。体质教育蕴含着人的生物性与社会性两方面的发展与塑造，根本不存在纯生物学观点的问题。真义体育的对象就是这种身心统一的体质。施行体质教育能实现真义体育的要旨。如果把体质教育理解为单指构成人体的躯体教育，就陷入了身心二元论的泥淖，与我们所说的真义体育有着性质上的差异，二者不可同日而语"。

(三) 竞赛不是体育的本质特征，没有竞赛就没有体育是观念上的模糊

针对国内将体育和运动竞技混淆的情况，张友龙在《对运动竞技的思辨》一文中阐明了自己的观点。

张友龙认为："运动竞技就其性质而言，可以分为技艺性运动竞技和体育性运动竞技。前者是专门人员从事的、以完善和提高运动技术为内涵的高级运动竞技，它的直接目的是竞技本身。其过程是：选材—训练—比赛—夺标。就个体而言，其过程则是：天才—训练—比赛—出成绩。后者是人们业余参加的、以增强体质和增进健康为内涵的普通运动竞技，是人们用来促进身体锻炼的一种方式。它的直接目的不是竞技本身，而是推动群众体育活动的一种手段。其过程是：人

群—锻炼—比赛—群体活动。就个体而言，其过程则是：人体—锻炼—比赛—身心发展（增进健康）。（表5-1）"

表5-1 技艺性运动竞技与体育性运动竞技的区别

类别	对象	手段	目的	过程
技艺性运动竞技	运动技术	人体	提高运动技术	技术—人体—技术（提高了的技术）
体育性运动竞技	人体	运动技术	提高人体质量	人体—运动—人体（增强了的人体）

在体育中人体处于主体位置，不利于人体发展的运动技术是不需要的，在技艺性运动竞技中，人体从属位置，不利于运动技术提高的人体是无价值的。由此可见，将体育与技艺运动竞技区分为两种性质不同的事业，按照各自的特点和规律进行，求得双方同步发展、相互为彰是符合客观规律的。

第八节 董安生——体质教育的坚定拥护者

一、关于董安生

董安生，曾任山西大学体育系主任。关于体育概念的大讨论，董安生是林笑峰坚定的支持者，曾发表《体育一词的由来与我国体育用语的状况》等文章（表4-2）进行声援。

二、董安生的主要观点

（一）体育一词有三种含义：增强体质、属于教育、不用体育去标记竞技与娱乐

董安生在《体育一词的由来与我国体育用语的状况》一文中，从"体育"词源角度分析体育的含义。他认为，人类为了生存与发展，增进健康，不断探求延长寿命的方法是人体自身的运动。人体运动方式是多种多样的，用以表述的词语千差万别，如古希腊的"体操""竞技""赛会"，中国的"养生""养形""导引""刀武"。东、西方由于地理、历史、国情的不同，在人体运动的方式与表述上有着明显的差异。但二者有一个共同点，即都没有"体育"这一词语。

"体育"这一词语最早是以身体的教育出现于1762年卢梭(Rousseau)的《爱弥儿》一书中。后来又有德国、丹麦、瑞典的学者著书立说,形成"体操"练身体系。日本在1898年从欧洲引进了"体操"一词,1878年近藤镇三正式使用了"体育"这一词语。"体育"是在1898年"戊戌变法"前后,由留日学生带回中国的,见于1902年《杭州白话报》连载的《国民体育学》译文、1908年上海《政艺通报》上刊登的《无锡体育会简章》。1922年北洋政府颁布新学制,正式使用了"体育"一词,改"体操科"为"体育科"。

体育一词的传入,并未立即被我国大众所接受,长期以来是"养生之道""体操""体育"并用的局面,随着世界性体育潮流的影响,"体育"逐渐成为一个独立的概念而被确立。体育这个语词是世界各国共用的,如英国、法国、美国、德国等国的教科书与辞书对体育的注释,尽管各有差异,但就其内涵和本质属性而言,是较规范的,都是指"增强体质的"教育。可见"体育"一词有三种含义:一是增强体质的,二是属于教育的,三是不用体育去标记竞技与娱乐[1]。

(二)"体育"概念的混乱,源于将其看成了它的上位概念"身体文化"

董安生认为,在我国实际工作中,体育概念的混乱问题是十分突出的。体育与竞技本来是两码事、两个系列,但由于历史的、人为的原因,二者错综复杂地交织在一起。"体育"这个概念离开了它故有的层次、位置,上升到它的上位概念——"身体文化"。这样它的下属概念——身体娱乐、竞技、体育之中又出来一个体育,即体育之中又有体育。国际文化交往,国内理论争鸣,各说一种,据理相争,问题就出在体育概念的层次上升,可谓差之毫厘谬之千里[1]。

奥地利成立了国际体育用语委员会,为国际范围内统一身体教育与身体娱乐(含竞技)的用语做了不懈的努力。它把身体文化这一概念,确定为上位层次,而把身体教育与身体娱乐(含竞技)等类似概念明确为下位层次,从而形成以各自为定语的名词概念群体,整个体系中的每个概念,相对于本体系中的其他概念处于一定的空间位置,形成既有系统又有层次的概念体系。身体教育与身体娱乐这两个概念群之间,既是独立的,又是彼此联系的。

(三)体育教材建设中需要解决的问题——运动文化教材化

在对待身体教育和身体娱乐的问题上,董安生并不一味排斥竞技,而是大力

---

[1] 董安生.体育一词的由来与我国体育用语的状况[J].山西大学学报,1987(2):83-84.

倡导"运动文化教材化"。所谓运动文化，是指人们在长期的身体运动实践中创造的财富。董安生认为，体育是一种教育过程，在此过程中有多种因素之间的相互关系，因此把它们的整体结构称为体育过程关系。

过程关系是指过程中各因素之间的相互关系，即被作用项、作用项、工具项之间的关系，这是对过程关系所做的最基本的因素分析。体育（身体教育）过程中的三个基本因素和它们之间的相互关系是体育过程所特有的，因此体育成为一种独立的教育过程。教育过程中的被作用项是要求全面发展学生的身体，体育过程的作用项是体育教材（作为体育手段的运动）。从这种关系因素的差别中，可以看出体育教材的特点和运动文化教材化的必要性。

运动文化教材化就是根据身体教育过程关系的特点，把专门性的运动文化项目做适应的更改，变成学生能够接受并能够增强学生体质的体育手段[1]。运动文化教材化，应该遵循身体教育的效果性、可接受性、全面性、选择性和创造性等基本原则。

从发展身体出发，对广大学生进行的身体教育，不是消遣取乐，也不是比赛夺金牌。体育过程关系中的工具项是发展学生身体的手段。要实现增强学生体质的效果，就要采用增强体质效果较大的运动作为体育手段教材。

选择或创编体育手段教材，必须以学生可接受为原则，不应该拿学生身体承受不了的运动项目作为体育手段教材。要全面发展学生身体，不能让学生像专项竞技选手那样练习专项运动，应按照全面发展的原则选择或创编体育手段教材。不仅中小学生体育教材的选编如此，大学体育教材选编也不能脱离全面性原则专搞专项提高。体育手段教材需要体育教师按实际需要进行创编。劳动的、军事的、娱乐和竞技的运动形式中都有创编体育手段教材的素材，用这些素材可以创编出适合需要的体育手段教材。

第九节 林诗娟——同事中的学术盟友

一、关于林诗娟

林诗娟，是华南师范大学教授、林笑峰的同事，是林笑峰的重要支持者。

---

[1]董安生. 运动文化教材化——体育教材建设中的一个需要解决的问题[J]. 山西大学学报，1988（4）：103-104.

1984—1999年，林诗娟先后发表《体育、身体娱乐、竞技》等文章（表4-2）支持体质教育观点。1991年，林诗娟在《学校体育》杂志上发表了体育方法学讲座的系列文章，包括《身体锻炼目标的确立》《身体锻炼手段的选择》《身体锻炼计划的制订》。同年，她在《体育学通讯》的"体育学知识与信息"专栏上发表《运动处方的内容》《运动处方的强度、时间和频度》《运动强度及运动量的表示方法》等文章，重点推广体育方法。

二、林诗娟的主要观点

（一）体育运动、竞技运动和体娱运动是"身体运动"的三种不同转化形式

在论及"体育运动"时，林诗娟将其放在"身体运动"这一大背景下进行研究。林诗娟指出，"运动"一词泛指物体的位置处在不断变化的一种现象。显然，身体运动是指身体在时间、空间中的位置变化，是人类赖以生存、生活的基础[1]。

但是，身体运动在没有和任何一个目标联系在一起时，仅是一种中性的手段，客观自然存在着，具有为多项目标服务的功能。如果把它置于有明确目标的对象性活动中，并与规定的目标相联系，运动就要脱去"自然"的外衣，注入目标赋于的规定性，与目标保持相一致。这样，自然的身体运动就转化成为凝结着人类智慧与实践经验的运动文化形态了。

人们可以用具体运动来培育身体，也可以用身体运动来表现人的运动能力和技艺，将其作为运动竞技的比赛内容，还可以用来进行娱乐，享受运动的乐趣。"走"和"跑"是人体自然的运动方式和基本的活动能力之一，若把它置于为健康目标服务的体育过程中，在规定的运动负荷标准中运动，就成为增进健康、增强体质的体育手段——体育运动，如有规定速度、时间、距离的散步、慢跑、走跑交替、有氧跑等体育运动。若把它置于为运动竞技目标服务的运动训练和竞赛中，在极限运动强度中运动，表现出人体高超的运动技艺和超常的运动能力，就成为实现运动竞技目标过程中的体育手段——竞技运动，如不同距离、不同时间、不同方式的竞走和竞跑等各项竞技运动。若把它置于身体娱乐活动中，注入娱乐的规则与方法，使人在不同形式的走与跑中体验到运动的乐趣，起到舒畅身心的效

---

[1] 林诗娟. 论体育运动 [J]. 武汉体育学院学报，1995（4）：5-7.

果,则它就成为实现身体娱乐目标过程中的体育手段——体娱运动(身体娱乐)。

上述三种运动文化活动,从运动的方式来看,虽然都表现为身体运动,但由于"运动"前的限制词(体育的、竞技的、体娱的)都注入了各自目标规定的规则、方法、要求、评价等,它们之间内在的价值不同,存在质的区别。因此,如果身体运动转化为运动文化,且在人类生存、生活、享受、发展等多方需要上发挥多种作用,具有多功能,那么体育运动、竞技运动和体娱运动的功能应该是相对专一的。

(二) 体育运动是用于增进健康、增强体质的身体运动

在对"体育运动"一词的理解上,同为体质教育流派的林诗娟与学派内其他学者的观点稍有差异。在解释"体育运动"一词时,学派内的很多学者习惯将"体育"和"运动"分开讨论,认为"体育"是增强体质的教育,而"运动"则更侧重竞技。林诗娟认为:"体育运动是用于增进健康、增强体质的身体运动。"[1] 体育运动、竞技运动、体娱运动,从运动的方式来看虽然都表现为身体运动,但由于"运动"前的限制词(体育的、竞技的、体娱的)都注入了各自目标规定的规则、方法、要求、评价等,它们之间内在的价值存在质的区别。

(三) 倡导运动文化体育手段化或教材化

林诗娟认为,从身体运动转化过程认识中,可以把体育运动理解为用于增进健康、增强体质的身体运动。但从体育运动的组成来看,它不完全来自自然的身体运动的转化,还包括其他运动文化经过改制后转化的体育运动。例如,竞技运动就是一种从身体运动转化而来的运动文化,它本是为实现竞技目标服务的手段,把它直接搬过来作为体育运动,放在体育过程的手段地位是达不到体育目标的。因为竞技运动的运动方法、规则、要求等,一般只有接受过专门训练的运动员才能掌握,普通人是难以做到的。如果我们对它按照体育目标的需要进行改制,即去掉一般人不易掌握的高难技术部分、降低运动负荷强度、注入体育的规则与方法,使其体育手段化或学校体育教材化,成为大多数学生都可以参与的运动项目,就可以将其列入体育运动的范畴。

---

[1] 林诗娟. 论体育运动 [J]. 武汉体育学院学报, 1995 (4): 5-7.

下面是竞技运动体育手段化和教材化后,用于学校体育群众性竞赛与教学的实例。

例1:某校举行班级篮球赛,规则规定如下:①每班参赛队员20名。②每场比赛时间为8分钟,进行5场,共90分钟。③每场比赛出场队员为5名,前四场出场的队员不能相同,第五场可任选5名队员出场。④5场累计计分,以分高者为胜。

从这项篮球运动竞赛的改革中我们可以看到,具有竞技性的篮球竞赛原型依然存在,经改变部分规则后,增加了群体的参与性,如果男女生分开比赛,那么这场比赛就不仅是几个精英选手的篮球技术战术水平的较量,而是全班近40人参与的篮球技术战术整体水平的较量。比赛时,参赛人数多,观看的、关心的人数也多,有利于普及篮球运动。

例2:某校将跳远的教学与比赛进行了改革。把踏跳踩线犯规取消成绩的规则去掉了,教学的重点放在发展学生的水平速度和起跳技术上。比赛时,把踏跳板加宽,让学生从哪里起跳就从哪里测量成绩,从而大大节约了准确踏板技术的教学时间,增加了发展水平速度和起跳技术的练习时间,有利于学生身体锻炼和运动能力的提高。

以上两项竞技运动的改制,说明了竞技运动有作为体育手段的可能。只要按照体育目标的要求,注入体育的规则与方法,使其容易被掌握,所有人都会喜欢这种改制。

第十节　韩丹——协同论争的战友

一、关于韩丹

韩丹,1972年主持创建黑龙江省体育科研所,1979年任职于哈尔滨体育学院。韩丹之前进行政治哲学研究,1985年开始步入体育理论研究领域。

韩丹与林笑峰的学术友谊虽然开始较晚,但尤为深厚。用韩丹的话来说,"我同林笑峰教授的学术友谊,是体育学术论域协同战斗的友谊,尤其是暮年的战斗"[1]。韩丹在1990年《体育学通讯》上发表《论竞赛不是体育的本质特征》,和林笑峰的学术见解不谋而合。引用韩丹的话就是"有着天然的同一性或共同

---

[1] 韩丹. 揭秘我同林笑峰暮年的体育学术协同战斗(一)[J]. 哈尔滨体育学院学报, 2014 (6): 1-5.

性，形成了统一战线，我俩便成了一条战线上的战友"①。然而，两人仅在1995年有过唯一一次直面交流，之后就开始以书信（共45通）的方式进行学术交流，直至林笑峰去世。

2011年林笑峰去世后，韩丹专门撰文《林笑峰先生体育思想评析》①《揭秘我同林笑峰暮年的体育学术协同战斗（一）》①《揭秘我同林笑峰暮年的体育学术协同战斗（二）》② 等文章，追忆同林笑峰的种种过往，并用"林笑峰先生是我国体育学术自由研究的开启者和先驱"这样的语言评价林笑峰，足见韩丹对林笑峰的深深敬意。

韩丹是一位多产的学者，仅对体质教育的应援文章就有28篇（表4-2），因文章数量太多，就不在此一一列举。在学术研究中，韩丹思想独立，勇于追求真理，提倡学术争鸣。在2004—2005年连发《辨析体育的共性与整体——答熊斗寅同志的商榷之一》《谈"安德鲁斯三角形"对我国体育的误导——兼答熊斗寅同志的商榷之二》《阿诺德绝非"现代体育之父"——兼答熊斗寅同志的商榷之三》三篇文章与持"大体育观"的学者进行激烈的辩论。

韩丹对待学术非常严谨，仅对体育概念的探讨就涉及多篇文章，如《论Sport不是体育——以〈简明不列亥百科全书〉为据》《国际规范性体育与运动的基本概念解说》《国际规范性体育与运动的基本概念解说（续一）》《国际规范性体育与运动的基本概念解说（续二）》《国际规范性体育与运动的基本概念解说（续完）》《论"体育"词的多义理解》《俄（苏）体育的基本概念和基本原则》《续论"体育"词的多义理解》《"体育"就是"身体教育"——谈"身体教育"术语和概念》《谈体育概念的源流演变及其对我们的体育认识和改革的启示》《对我国体育认识和概念演变之起源的探讨》《论体育概念之研究》等。

二、韩丹的主要观点

（一）主张将Physical Culture③作为体育的最上位概念

韩丹对Sport翻译成"体育"的质疑，最早体现在其发表于1986年《体育

---

①韩丹. 林笑峰先生体育思想评析 [J]. 哈尔滨体育学院学报，2014（1）：1-12.
②韩丹. 揭秘我同林笑峰暮年的体育学术协同战斗（二）[J]. 哈尔滨体育学院学报，2015（1）：1-6，97-98.
③Physical Culture：身体文化。

与科学》杂志第 6 期的《谈体育文化学与身体文化》一文中。

在该文中，韩丹指出：至于 Sport，在《牛津—杜登英汉图解词典》（1984年译本）中同 Recreation、Games 列为一类，它是指竞技性的项目运动和娱乐性的身体运动，不能代表体育事业，体育和运动是两个不同的概念[①]。韩丹认为，不能用竞技运动代替体育，并指出《苏联体育报》实际上是《苏联竞技运动报》，所谓体育伦理学实际上是赛事的伦理道德关系，并不是整个体育事业的伦理道德，应当把 Physical Culture 作为体育的大概念、最上位的概念。

（二）Sport 不是体育

早在 1986 年，韩丹就曾在《哈尔滨体育学院学报》上发表《论运动和体育的辩证关系》一文，阐述"运动和体育是两个定义不同的概念，所反映的客观对象有着质的区别，但又互相联结在一起，由运动产生体育，又由体育制约运动，在矛盾运动中发展，有着微妙的辩证关系"[②]。

在该文中，韩丹首先解构了"运动"这一概念，指出运动是一个哲学范畴，包括宇宙中发生的一切变化和过程。运动有多种形式，从单纯的位置移动到思维，从物质运动到人体运动。其中，人类生命体运动的最根本形式就是劳动。劳动是人的第一种生命运动，此外还有生活运动、娱乐运动等。

韩丹认为，我国体育概念上存在的 Physical Education 和 Sport 之争，是由历史上出现的两种流行于世界的运动形式所致。

第一种形式是以体操为主的运动形式。它是按身体运动的需要由人工编选的若干人体动作组合而成的有节律的人体运动，可以由个体进行自我锻炼，也可以由集群进行团体活动。最早的体操是统治阶级为了培养自己的骑士、武士或绅士而进行的教育内容之一。18 世纪末至 19 世纪初，体操在欧洲发展为以学校为中心的德国体操、瑞典体操两大体系和学派。德国体操和瑞典体操受到了世界许多国家的欢迎，经过不断的修改与创造，发展成为一个庞大的体操运动体系，这个体系主要作为学校教育的组成部分，是与智育、德育、美育、技术教育等同等重要的教学内容，因此称为"体育（Physical Education），即通过人体运动进行的教育。20 世纪初，这个体系传入我国，称为"体操"，后改为"体育"。习惯上，

[①]韩丹. 谈体育文化学与身体文化. [J]. 体育与科学，1986（6）：7-8.
[②]韩丹. 论运动和体育的辩证关系[J]. 哈尔滨体育学院学报，1986（2）：1-8.

人们把这种以体操为主的运动形式的社会运用,即以学校教育为主的运用称作体育[1]。

第二种形式是以人体的自然活动为基础、以专项的运动形式发展身体技术、通过竞赛形式而进行的身体运动。人们在娱乐体育活动中发展了一些身体技术和技巧,这些技巧具有健力美的欣赏价值,受到了宫廷和贵族的重视,并发展为一些专项运动。到了近代,这种运动形式在英国得到了很好的发展,即以户外运动和游戏为基础发展起来的竞技性运动,其特点是运动与人们的荣誉心、竞争心结合起来,以竞赛为主要形式,具有共同遵守的规则,并有裁判鉴定监督。这促进了单项运动技术的发展,并使相同项目的爱好者建立起发展运动技术的协会组织。这些项目发展成为国际性的竞赛活动。特别是从1896年现代奥运会和1924年冬季奥运会举行以来,这种竞赛性的竞技活动成为世界各国进行交往的方式之一,成为激励民族意识、振奋民族精神、增强民族荣誉感和民族自豪感的重要方式之一,受到各国的重视。为了赢得优胜、获取金牌,各国普遍建立了相应的组织和体制,进行专项专业训练,形成了一种新的社会职业,使竞技运动发展为精神领域服务的新形式。由于这种运动形式的世界性广泛传播,人们把Sport译成了"体育",从而出现了"体育"概念的Physical Education和Sport的分歧[1]。

韩丹认为,体育是在人类社会发展的一定阶段上,为了解决因社会分工而发生的生命体的外部运动的缺少或片面化所引起的健康损害问题而产生的。解决这种社会问题的根本途径是采用非生产劳动形式的身体运动来弥补和调节此问题,这就是由身体娱乐发展起来的特殊形式的身体运动,只有这种人体运动才能解决这个社会问题。因此,体育的核心是人体运动,即通过有组织的、有选择的人体动作形式进行有指导的运动锻炼,以增强社会成员的身体素质、提高健康水平、为社会发展服务,这就是体育的根本特征。

1996年,韩丹在《体育学刊》上发表了题为《论Sport不是体育——以〈简明不列颠百科全书〉为据》的文章。在该文章中,韩丹引用《简明不列颠百科全书》的原文:"Sport泛指那些需要体力或技巧的娱乐性或竞赛性活动。Physical Education指为增强体质和获得增强体质的技能而进行的训练。"[2] 二者存在以下不同之处。

---

[1] 韩丹. 论运动和体育的辩证关系 [J]. 哈尔滨体育学院学报, 1986 (2): 1-8.
[2] 韩丹. 论Sport不是体育——以《简明不列颠百科全书》为据 [J]. 体育学刊, 1996 (3): 45-48.

1. 二者性质不同

Sports "可定义为有规则、有特定目标、有竞争性、有时间和空间限制和有连续性重复动作的娱乐活动"，归属于狭义文化的娱乐范畴。Physical Education 则是人类有目的的自身训练，与教育同属一个范畴。

2. 二者功能不同

Sports 是通过竞技者的竞技活动带给人们心理和精神的满足。观众（直接或间接）通过观赏获得不同层次的情绪宣泄、心理刺激、精神激励和美的享受等精神性的娱乐；竞技者则通过竞技满足自我超越、尊崇和荣誉的心理需求；国家或社团通过竞技取得扩大知名度、增强凝聚力、激励成员等精神效益。它同艺术等一样，都属于精神功能领域，是精神文明手段之一。Physical Education 的功能在于增强体质、改善身体机能和增进健康，是人类对自身的结构和功能进行主动变革，以适应社会、环境和人生需要的活动。它同卫生、人口等一样，都属于人类自我生产和素质改善的范畴。

3. 二者的起源和历程不同

Sports 早在原始狩猎时代、农业文明时代就已经把跑、跳、投等动作分化出来，组成了竞技娱乐活动。Physical Education 则潜存于狩猎采集、畜牧、农耕等活动中，直到工业文明时代才正式独立成为社会活动事项。

4. 二者的活动结构不同

Sports 的活动过程必须由竞技者（两个以上）、组织者和观众三个因素组合组成。Physical Education 则可由个体单独或由活动者同指导者（或教师）组成。

5. 二者的作用机制不同

Sports 的观众处于旁观者位置，通过视觉和听觉在心理上发生感应，其效能可以是正面的愉悦，也可以是负面的沮丧。Physical Education 则是活动者亲身参加的，其效能是符合目的预想的正面效能。

6. 二者的社会位置不同

Sports 是由少数有特殊身体天赋的青少年经过严格科学的训练（这个训练不能列入"体育"训练），成为有专项素质或技能的职业竞技者，同演员一样为社会提供服务的社会产业。Physical Education 则始终是全民性的活动。

(三) Physical Education（体育）是教育的组成部分，是在学校对学生通过身体活动进行的身体发展的教育

韩丹 2016 年在《哈尔滨体育学院学报》发表了题为《论体育源起和体育概念的源流演变》的文章，他认为，"体育即身体教育，世界通称 Physical Education，出现于 19 世纪，标志是体操被引入学校教学课程，成为教育的三大要素之一，成为教学的一门专业行业。体育专门术语或概念形成于 1808 年，1863 年出现了第一本体育学术专著。现在世界对体育的主流认识是，体育是教育的组成部分，是在学校对学生通过身体活动进行的身体发展的教育"[①]。

在该文章中，韩丹从词源角度研究，发现 Physical Education 最初是指婴幼儿、青少年的自然养育。1500—1800 年，由于社会文化的发展、启蒙运动的激发，人们认识到身体健康对人的心理、智力发展是有益的，于是兴办了专业的健身机构——体育馆和专项的学术团体——体育协会，这些很自然地影响着学校教育。19 世纪，Physical Education 逐渐向"身体的教育"的转变。1842 年，被誉为"学校体操之父"的施皮斯（Spiess）提出"把体育纳入国民教育"的提案，人们也认识到这些以体操为手段的教学实践进入学校教学课程，对青少年的身体发育有益，因而西欧各国和美国的公立学校试用了体操体制，使其成为学校教学的一门课程，这就产生了专门的"身体教育"。某些大学本科把体育课程同学士学位课程相结合，作为一门主修课，这样便形成了一个有课程、有教师、有教材、有组织的教育活动，它同德育、智育、美育一起成为教育的有机结构，这样，它便由社会无组织的状态，变成了一个有组织、有成员、受国家承认的教学活动，形成了今天所说的"体育"，即"身体的教育"。

韩丹从《简明不列颠百科全书》中关于 Physical Education 的词条分析其历史发展，发现先是社会上存在增强体质和学习技能的自然形态，可谓"身体训练"，而后这种训练形成了体操，并进入学校成为必修课。Physical Education 便是表述这种以体育课为代表的教学活动的专门术语。体育进入学校，成为教育事业的组成部分，成为一项社会分工，有了一套组织、技术和学科体系，这就催生了"体育"这个专门的科学术语，即科学概念。

世界上唯一的一个 Physical Education 专门业务性、学术性的国际组织是国际

---

① 韩丹. 论体育源起和体育概念的源流演变 [J]. 哈尔滨体育学院学报，2016（4）：1-9.

体育联合会（International for Physical Education）。1970 年，该组织发表了《世界体育宣言》（*World Manifesto of Physical Education*）。宣言分序言和正文两部分。序言着重讲明了 Physical Education 和 Sport 的相互关系，对二者作了明确划分。正文分三个部分，文中给 Physical Education 下的定义是：体育是教育的一个组成部分，它要求按一定的规律，以系统的方式，借助身体运动和自然力的影响作用于人体，完成身体发展的任务。这明确提示：体育是教育的一部分；体育的目的和任务是促进儿童青少年的"身体发展"；强调目的和手段的一体化；Sport 是教育的手段而不是目的。

韩丹还引用了众多国外学者对 Physical Education 的定义，具体内容见表 5-2 和表 5-3。

表 5-2　体育国际组织或相关负责人对"Physical Education"（体育）的定义

来源	体育的定义
国际体育联合会（International for Physical Education）1970 年《世界体育宣言》（*World Manifesto of Physical Education*）	（1）体育是教育的一部分； （2）体育的目的和任务是促进儿童青少年的"身体发展"； （3）强调目的和手段的一体化； （4）Sport 是教育的手段不是目的
国际体育联合会秘书长，英国圣保罗学院教授安德鲁斯（Andrews），1975 年	体育是教育系统中一个重要的组成部分。体育的作用不仅在其特殊的目标方面，还对教育具有一般的作用。体育内容的特点是发展身体，使所有的人都参加运动。传授身体娱乐所需要的知识、技能和态度，使每个人都能更好地进行身体娱乐，也是身体教育的任务之一
国际妇女和运动协会主席，英国里兹大主教大学教授塔奥波特（Talbot），1997 年	（1）目的是发展身体的文明和使人体得到全面协调的发展； （2）系统地介绍终身运动，循序渐进地学习和掌握能在 21 世纪有效地工作、家庭生活和休闲所必需的动作技能和知识，系统性和循序渐进是体育区别于其他偶然学习形式的显著特点； （3）包括"学习运动"和"在运动中学习"两方面，正是这种独特的双重学习途径把体育和其他形式的身体活动区分开来。它是唯一把重点放在身体、身体活动和身体发展上的教育历程

续表

来源	体育的定义
国际体育名词术语委员会主席尼古拉·阿莱克塞（Nicola Alexei）博士的《体育运动词汇》，1974年	这里对 Physical Education 的释文是：类别；教育； (1) 基本含义：系统地利用身体练习的一切形式，提高人的合乎社会需要的生物学潜力的活动； (2) 说明：就其练习本身是生理学的，方法是教育学的，效果是生物学的，组织和活动是社会性的，中心是人。它是为上述目的而广泛采用的身体练习的一种基础领域

（注：引自韩丹.论体育源起和体育概念的源流演变［J］.哈尔滨体育学院学报，2016（4）：1-9.）

表5-3　美国图书或学者关于"Physical Education"的定义

来源	体育的定义
《美利坚百科全书》（1983年22版）	体育是关于人体构造、身体发展的教育。这一教育过程从当儿童学会基本的有助于身体发展的运动方式后就开始了，并在儿童后期掌握复杂一些的运动方法的过程中持续进行
美国《韦氏大辞典》	体育是整个教育的一个方面，它采用运动活动和有关经验，从心理上、体力上、道德上、精神上和社会上使个人充分发展，使个人成为一个有用的公民
C.W.赫塞林顿（Hesselington），20世纪20年代	体育是通过身体进行的教育
哈·克鲁格（Hages Kruger）	体育是教育过程。它通过教学、学习、锻炼及诸方法促使身体得到发展，掌握运动技能、体育知识、运动规则，解决活动中所出现的问题
劳·克拉顿（Robert D clayton）	体育是人们身体活动的指南，它的目的是增进身体健康，发展社交、情感和理智方面的品质
埃得福.F.威尔特默（Edford. F. Wiltmer）和亚瑟.A.埃斯林格（Arthur. A. Eslinger）的《体育与教育行政》	体育是借身体活动来实施的一种教育
邓肯（Duncan）和沃特森（Watson），1960年	体育是一种通过身体活动的教育方法，这里活动的选择和进行应充分注意到它对于人类生长、发育和行为的价值

续表

来源	体育的定义
切尔内（Cerne），1962年	体育是促进人体全面发展的教育
美国北卡罗来纳州立大学的安杰拉·伦普金（Angela Lumpkin）1990年，《体育与竞技——现代导言》	体育是通过身体活动，使个体在身体上、精神上及社会和适应能力方面获得优化的一个过程
查理斯·A. 布切尔（Charles A. Bucher），《体育基础》	身体教育是关于发展和保持人类身体有关活动的教育过程。身体教育可被定义为：教育过程的一个组成部分，它是通过身体运动这个媒介提高人体性能的一个积极领域，身体活动是在人们充分认识到它们的作用后被挑选出来的

（注：引自韩丹. 论体育源起和体育概念的源流演变 [J]. 哈尔滨体育学院学报，2016 (4)：1-9. ）

通过考证，韩丹最后得出了关于"体育"的一系列结论，具体如下。

第一，体育即身体的教育，现在世界通用的体育语言表达式是英语的 Physical Education，该英语词汇是从法语转来的。法语 Education Physique 的词义并非"身体教育"，而是"自然教育"或"自然养育"，这个词义的使用一直延续到19世纪后半期。

第二，Physical Education 的词义从"自然发育""自然养育""自然教育"转变为"身体教育"，经过了相当长的历程。人类早期，儿童少年的发育成长是随着狩猎、礼仪、军事活动和生产生活劳动一起进行的，就是自然成长，并未分化出"身体教育"这种事项。随着社会文化的发展，学校教育成为社会的一项重要活动，在校的儿童青少年的身体发育、健康成长成为学校的重要任务，因此应当作为一项课程来实施教育。教育家把体操引进学校，将其作为一门必修课程，于是出现了"体育"。

第三，Physical Education 成为"身体教育"的专称概念是在1808年左右，法国人居里安所著《教育概论》中首先把"身体的教育"和"道德的教育""智力的教育"一起列为教育的三大要素，后称"教育三大纲"，由此，Physical Education 便成为"身体教育"的专称。1863年，在英国的麦克拉仁（Mclaren）所著的《体育的系统》出版，体育成为一个专门学术研究领域。

第四，关于 Physical Education 这个概念，或"体育概念"的含义界定。世界的共识是：体育是教育的一个有机组成部分，是通过身体活动对儿童青少年进行身体发展的教育。这里的"教育"特指在学校按教学大纲规定的课程计划进行的教学活动，是一个特定的专门概念。

第六章 体质教育流派的教学实验

教育流派一定会有与之相应的教学实验作为检验和支撑，体质教育流派也不例外。徐英超、李兴文、曲宗湖、陈智寿、邓若锋等是体育教育流派教学实验的先行者，他们依托大中小学，克服重重困难开展了一系列教学实验。本章呈现了这些教学实验的具体内容。

第一节 徐英超教学实验

徐英超不仅是"体质教育"的首创人，还亲力亲为，建立了"体质教育研究中心"，并在北京第十九中学进行了长期的教学实验。

徐英超长期关注青少年体质问题，据他回忆，在"体质教育研究中心"未建立以前，1977—1979年他已经做过三年青少年体质的调查研究，并在一些学校做过多次实验，设计出记录和统计学生体质情况的初步方法。1979年，国家体委要求北京体育学院"体质教育研究中心"用科学方法修改《国家体育锻炼标准》。作为该中心的创始人，徐英超接受了此项任务，并展开了至少三轮的实验。在徐英超及其团队的努力下，实验取得了一定的成绩，如设计出体质考查的方法、设计出体质记录册的方法、设计出体质统计表、设计出体质报表的方法、设计出评选锻炼身体运动项目的方法、设计出"提高课"的方法[1]。为我国儿童青少年体质增强提供了比较可行、实用的方法体系。

关于徐英超，本书第五章已进行了具体介绍，在此不再赘述，现就徐英超的教学实验进行具体阐述。

徐英超从1977年至1978年5月共参观了53所中学，将各校的优点和缺点

---

[1] 徐英超. 体质教育研究初论 [Z]. 1983.

提炼出来，针对学校情况进行改进中学体育的实验设计，目的是打破旧的框架，改革前进，"多快好省"地增强学生体质，打好学生体质基础。以下是徐英超教学实验设计的具体内容，包括"提出问题""记录和统计""学生锻炼身体的时间问题""教材的选择""关于教学方法"。

一、提出问题

徐英超参观了几十所学校，总结出一些应解决的问题。经过分析，归纳为以下几项。

（1）增强体质的效果需要明确。
（2）宜使体育措施既能增强学生体质，又可积累制定考核标准的资料。
（3）学生锻炼身体的时间需要保证。
（4）教材的选择和教法的改进。
（5）调动积极因素。
（6）加强体育宣传，向学生讲解健康知识。

以上第一项是主要问题，其他随解决主要问题而进行。

二、记录和统计

研究体质问题，必须从了解体质情况着手，掌握材料后再进行统计分析。其步骤如下。

（一）体质实验的假设

体质就是身体的质量，增强体质主要靠体育活动。身体质量的好坏在于活动能力。对于体质强弱，可通过人体的内部和外部肌肉活动能力来观察。判断体质强弱的标准是什么？实验团队经过分析试选下列几项作为观察体质的因素。

（1）新陈代谢功能好不好。
（2）力量大小。
（3）动作快慢。
（4）动作协调。
（5）耐力强弱。

由以上五种因素可以大致看出体质强弱。

（二）设计测验观察的项目

选择简便易行的、经常练习的项目作为测验项目，便于学生自己执行，便于推广。

（1）测验代谢功能，计算安静时一分钟脉搏次数。

（2）测验力量，举沙袋。

（3）测验上拉力量，爬竿。

（4）测验腰腹屈伸力量，立卧撑。

（5）测验速度 100 米赛跑（不穿钉鞋）。

（6）测验速度耐力 400 米跑（女生）、800 米跑（男生）（不穿钉鞋）。

以上各项的规则另定。

（三）记录表格

预先准备好记录用的表格，表格格式与尺寸要相当于大号讲义夹，便于使用和保存。

（四）组织与指导

体育教师的主要工作是组织学生、指导学生，使学生自己练习执行、互相裁判、互相记录。

（五）起点记录

在学年开始（9月），即向学生讲解测验与记录的手续，并教授测验的动作。10月初进行测验，10月底以前完成。以这次测验的记录为基点，和以后的学年测验对照比较。

（六）学年记录

每年 5 月下半月做学年测验记录，5 月底以前完成。

（七）统计分析

每年根据记录的材料用统计方法计算出每人的体质情况并进行前后对比，使每个学生都能了解自己的体质情况，以及自己的体质在本班学生中处于什么水平，还可以统计出每班学生体质的平均情况，进行班与班之间的比较，对比进步多少，统计出年级的情况和全校的情况，进行前后对比、各校之间对比。然后向领导汇报，使领导了解青少年体质情况。总之，用事实说话，以扭转大家不重视体育的思想。

（八）做图示

用所记录的材料绘制各种所需的图示，如曲线图、条形图等。做小组对照图、各项目和总计图、个人和班级进步比较图，将各班的和各年级的图示公布在教室内，使学生一目了然。

（九）做体质检查表

根据所记材料和统计的结果，做出成绩和分数对照表，公布在教室内，使学生可随时检查自己的体质情况，了解哪项比较强、哪项弱、全面情况进步多少，用自己的成绩进行前后对比、自我比赛，以提高学生积极性，促使学生自觉地参加锻炼。

（十）做体质卡片

将每个学生的体质情况登记在卡片上并列入学籍簿，以便随时查阅。

（十一）试制考核标准

学校各门文化课都有考核方法，能考查学生的文化程度。学生上体育课每年体质增强多少、毕业时达到什么程度也应有考核标准，以考查体质的状况。

规定考核标准必须根据学生身体的活动能力，以全体学生的情况为基准，研究出适合青少年情况的标准。例如，将学生学习最基本的、增强体质最有效的教材的应用情况记录下来；到第二年，根据第一年资料的统计分析提出要求，在一年内应进步多少、达到什么程度。可以让学生在班内讨论，每人提出自己的目标，也可以由教师根据这一年的情况估计下一年可能提高多少而定出指标，还可以定班级的指标、年级的指标。这样试行2~3年，就可逐步形成考核标准。

（十二）做总结

根据事实材料和统计的结果，进行一年体育教学工作的总结。做出采用不同教材教法的、有具体内容的、经过具体分析的结论，据此改进下一年的工作。年年改进，形成制度。

(十三) 保存资料

各种记录的原始材料是很宝贵的，经过统计处理的资料也是很重要的，都必须有秩序地保存。

三、学生锻炼身体的时间问题

1977年3月，北京市教育局在发布的《关于加强学校体育工作的几点意见》中明确提出"争取做到每个学生每天有一小时的体育锻炼"。徐英超对学生身体锻炼时间提出如下建议。

建议课间操改为课间活动。徐英超建议将一天只有一次的课间操改为每天3~4次课间活动。按原有的课间操需20~30分钟的时间，体育教师和班主任须大力维持秩序，而实际学生锻炼的时间只有5分钟，并且不能真正按原来体操的要求来做。徐英超觉得学校的课间操流于形式，不如改为在每次课间休息的10分钟内，使学生都离开教室，到户外做3~4分钟身体活动，不必集合站队，可以个人活动，如快跑、慢跑1、2分钟、跳绳、立卧撑5~10次等。学生爱做什么运动就做什么运动，少则1~2分钟，多则5分钟。只要教师和学生讲明白为什么这样做，使他们自觉地活动、养成习惯。这样每天3~4次，每天就有10分钟实际的活动时间，比一次课间操省事又有效。

四、教材的选择

徐英超认为，体育教材应适合我国实际情况。目前中学学生多，每班都在40人以上，有些学校一个班有50~60人。这样大的班上体育课，必须特别重视教材的选择。对于增强体质效果大且适合我国中学情况、简便易行的教材，应该多用；对于增强体质效果小的教材少用或不用；对于没有什么效果且浪费时间的教材则不用。

五、关于教学方法

实验改革的方案增加了上课的时数，势必增加教师上课的时数，而教师有一定的任课工作量。例如，6节课的方案中上课时数增加了3倍，4节课的方案中上课时数增加了2倍，怎样办？徐英超建议采用群众教学法，去掉烦琐的教学手续，讲求实效。

（1）在教学课中教师要认真教学，认真按教材教导学生。

（2）教育学生自己管自己，自觉地、有组织、有纪律地进行活动。自觉地组织纪律，这一点非常重要。教师在学生中要有威信，不是板着面孔硬装威严，而是从爱护学生中建立感情、以身作则、耐心教育学生，使学生喜爱教师，愿意服从教师指挥。教师在学生中有了这种威信，才能使学生自觉地组织纪律。

（3）分班。一般每个班分为两组，男生一组，女生一组，也可分为四组。

（4）培养小干部。观察选择优秀学生当小组长，要另安排时间向一个年级的各班各组的组长讲解上大课的办法。

（5）计划分配各组锻炼项目的定项定量，写在卡片上，预先交给各小组长，以便组长带队练习。

（6）计划分配场地也写在卡片上，以便各组不同的项目在不同的场地练习。

（7）开始上课时，一个年级按各班的次序集合。教师用很简短的几句话说明上课的要求。

（8）教师到各个场地巡视各组上课情况，随时指导。

采取以上办法不仅可以避免教师任课太多，还可减少任课的时数，原来每班两节课改为只上一节，叫作教学课，其他课都改为上大课的办法。

第二节　李兴文教学实验

李兴文是东北师范大学的一名体育教师，他认同体育就是体质教育。为了探索如何增强学生体质，李兴文于1978年在东北师范大学专门成立了一个体质教育试验班进行教学实验，并将实验成果撰写成《体质教育研究》[1]发表于1981年东北师大学报（自然科学版）。从该文中可以看出，李兴文对体质教育的高度认同，他为学生体质的增强进行了严谨的科学探索。

---

[1]李兴文，宛祝平，方立.体质教育研究［J］.东北师大学报（自然科学版），1981（1）：81-90.

一、教学实验背景

李兴文认为,体质教育是重于增强体质的体育,有别于以技术教学为本的传习式体育。体质教育的真正目的在于增强体质,而运动技术教学的目的在于传习运动技能。如果在运动技术教学上花费过很多的时间和精力,却不了解学生的体质如何、不知如何增强学生的体质,那么在运动技术教学中所喊的增强体质的口号就只是一句空话。李兴文认为,认识到运动技术教学和体质教育的差距,认识到教会运动技术不等于增强了体质,认识到体育不能停滞在运动技术教学上,应在运动技术教学的基础上前进一步,进行体质教育的实验研究。

为了研究如何用最有效的方式增强学生体质,李兴文及其团队从1978年开始举办体质教育试验班,试图从传习式的体育思想方法中解放出来,把体育课真正转化为身体培育课,用体质教育的原则和方法对学生进行体质教育,追求学生体质增强的实际效果。

有效地增强学生体质,是体质教育试验班明确的出发点。为取得增强体质的效果,该实验团队对学生体质现状和变化情况进行考查和研究,以此为据安排体质教育内容、形式和方法的实验。

二、教学实验的准备

(一)深入考查分析学生体质情况

为使体育行之有效、避免盲目性,该实验团队对新生进行了比较全面的调查研究,通过医生体检、机能测定和运动能力测验,掌握了学生有关体质的全部资料。经过统计处理,向学生公布具体数据,使学生清楚自己的体质现状。在全面掌握情况的基础上落实计划,分别给每个学生制定阶段指标,做到学有方向、练有奔头。

(二)研究现代体育方法学,把工作中心转移到增强学生体质方面

李兴文的教学实验是把过去以传习技艺为中心的教学课,切实地转移到以最有效地增强学生体质为中心的身体培育这方面,指导学生掌握与运用体质教育的原理和方法,达到增强学生体质的目的。

以增强学生体质为中心的体质教育课，不再是以单纯的技术传授与教法研究为主题，而是探讨现代体育方法学的问题。要解决每次课负荷曲线设计的合理性问题以及通过什么方法能最有效地增强体质、实现体育科学化的问题。

（三）制订体质教育试验班专用的体育大纲和计划

根据增强体质的需要，选择对增强体质最有效、最简单、最易行的体育项目。体育大纲中规定，理论部分占总时数的15%~20%。在实践部分中，全面发展学生身心的内容占3/5，其余的2/5为知识技能的传授。

教学实验全学程包括两个阶段：第一阶段是以提高学生身体机能与基本活动能力为主的全面发展的运动项目；第二阶段是在第一阶段的基础上，使学生体质再增强，提高运动能力，使学生掌握2~3项终身锻炼身体的运动技能。

（四）体育的根本任务是增强体质

体育成绩的考核必须以学生体质增强情况为主要评定标准。用数理统计的方法，计算出每个学生所得的分数，每学年考核一次，给予体质评语，以彻底改变单纯以几项运动成绩的优劣为标准的考核方法。

（五）把每周一次90分钟的两节连上课，改为每周上两次课，每次50分钟

为了增加锻炼次数，该实验团队把每周一次90分钟的两节连上课，改为每周上两次课，每次50分钟。把每周两次课外体育活动列入课表，并且纳入体质教育的计划中，真正做到课内外相结合。

三、教学实验采用的法则

研究增强体质的实效，必须使体育依照人体发展的客观规律进行。运动对人体机能平衡的影响，首先是破坏，然后在新的基础上达到新的平衡，使机体在适应这种失调—平衡—再失调—再平衡的过程中得到增强。为了有效地增强学生体质，教学实验采用下列几项炼身法则。

（一）"超量负荷"炼身法则

根据"超量负荷"的法则，运动到身体内部负荷超过日常例行活动所能达

到的程度，才能对人体产生最好的效果。现代体育科学实践证明，心率以 120~140 次/分为指标，比较适合大学生增强体质的需要。该实验团队从观察、数据积累和心肌功能指数的测定统计中发现，在维持体内一定负荷的情况下，适时适度地增加运动量能使学生的体质获得有效的增强。在实验计划安排的每次锻炼中，都有 2~3 个负荷过程在这个标准范围内，延续时间在 25~30 分钟（该实验团队称其为"最佳价值域"），以获得超量恢复的实效。在所有的锻炼课和课外体育活动中，都严格遵守这一重要的法则。

（二）经常性炼身法则

运动对人体的直接作用促使体内异化作用过程加强，继而引起同化作用的增强，加快体内的物质合成过程，使机体内部的物质得到补充、增加和积累，这就是锻炼中身体内部变化的过程。然而，这种变化过程是有条件的，它必须是体育对机体内部刺激效果的衔接。否则，经过锻炼已经有所增强的体质得不到巩固，提高的各器官系统的机能也必然随着时间的推移而消失。坚持经常反复锻炼才能有效。基于这种考量，该实验团队把每周只上一次共 90 分钟的体育课一分为二，这是增加反复锻炼次数的重要措施之一。此外，该实验团队还把每周两节课外体育活动列入课表，坚持每周有四次集中锻炼时间，把早操、课间操的督促检查列入工作范围内，这对增强学生体质、使学生养成锻炼习惯都有很好的作用。在三个学期的教学实践中，教学试验班没有停过一次体育课和课外体育活动。

（三）渐进性炼身法则

渐进是指锻炼必须使人体按自然发展规律去逐渐适应较高的要求。体质的增强就是机体对千变万化的外来刺激不断适应的过程，而这种刺激必须是机体所能承受的。如果刺激过轻，则达不到体质增强的目的；如果刺激过重，则会损害身体。只有适度的刺激才是最有效的。然而这种适度，经过一段时间后，就会变成不适合的，所以需要在此基础上适当提高负荷，使机体适应新的刺激。机体对恰当的、新的刺激不断适应的过程，就是循序渐进不断增强体质的过程。在这里存在正确处理身体内在反应的负荷量和身体外部表现的运动量的关系问题。该实验团队在教学实验工作中使每个阶段的锻炼都能按照"超缺负荷"的要求来调节运动量。在一定负荷的前提下，不断延长运动时间，渐进地提高运动量的数据（慢跑全班平均数）见表 6-1。

表 6-1　1978 年 10 月至 1979 年 6 月体质教育试验班慢跑数据统计表

测验时间	心率（次/分）	持续时间（分）	备注
1978 年 10 月	120~130	15	学生反映有些累
1979 年 3 月	120~130	20	学生开始适应
1979 年 4 月	120~140	25	学生没有反应，教师认为适当
1979 年 6 月	120~140	25~30	学生反映轻松

［数据来源：李兴文，宛祝平，方立. 体质教育研究［J］. 东北师大学报（自然科学版），1981（1）：81-90.］

健身慢跑是体质教育试验班坚持贯彻的重点项目。在执行中，体质教育试验班并不追求运动技术和运动成绩的提高，而是把心血管机能的提高作为主要目标，因为这是体质增强的重要标志。下面以女生 800 米健身跑为例，说明以增强体质为中心任务渐进地增强体质的情况（全班平均数）（表 6-2）。

表 6-2　1978 年 10 月至 1979 年 6 月体质教育试验班女生 800 米健身跑跑数据统计表

测验时间	所需时间	实测心率（次/分）	备注
1978 年 10 月	6 分	158.6	入学基础测验
1979 年 2 月	6 分	137.5	学生反映"一点劲也没有了"
1979 年 4 月	4 分 9 秒	134.7	跑得较轻松
1979 年 6 月	4 分 8 秒	115.8	跑得较轻松

［数据来源：李兴文，宛祝平，方立. 体质教育研究［J］. 东北师大学报（自然科学版），1981（1）：81-90.］

（四）个别性炼身法则

为使体育有效果，必须使体育适应每个人的身体情况。在对学生进行全面的调查、体检之后，掌握全班每个学生情况的基础上，该实验团队对锻炼项目、负荷指标和运动量予以相应的安排，做到备课时想到差别、指导中注意差别、考核时坚持差别，使每个学生都能具体地掌握自己的身体情况和锻炼指标，在每次课前，把每个学生要完成的项目和运动指标落实在卡片上，使每个学生都能按照"超量负荷"的法则锻炼。表 6-3 是一次课的锻炼卡片摘录。

表 6-3 体质教育试验班锻炼卡片摘录

项目	完成情况				备注
	杨×	于××	宛×	徐××	
俯卧撑	10次/12次	10次/10次	15次/20次	15次/16次	手扶体操凳一次完成
立定跳远	30跳/30跳	30跳/30跳	30跳/30跳	30跳/25跳	用全力连续跳
斜悬垂引体	30次/25次	20次/30次	30次/21次	15次/16次	一次完成
仰卧起坐	30次/30次	30次/30次	30次/30次	20次/30次	还有潜力
健身跑	800米/800米	800米/800米	800米/800米	600米/600米	不记时间，慢跑

[数据来源：李兴文，宛祝平，方立. 体质教育研究 [J]. 东北师大学报（自然科学版），1981（1）：81-90.]

在阶段安排中用对照"超量负荷"标准制定运动量指标的办法，在前一段完成指标的基础上，分别给每个学生制定下一阶段的指标，使学生时刻掌握自己的体质情况、清楚下一阶段任务，使指标适合每个人体质的特定情况，循序渐进，不断提高。

（五）全面炼身的法则

所谓全面炼身，是指全面增强体质，而不是全面学习运动技术。为掌握全面增强体质的法则，首先要弄清体质的真实含意。体质应包括形态、机能与活动能力。用最简易的体育手段改善和提高体质，是体质教育的核心。人体各器官、各系统的生长、发育和功能各不相同，在锻炼、改善和提高体质时，也要有所侧重，对偏缺者宜补救，对不足者应加强，使机体内部均衡发展、全面提高。

（六）意识性法则

所谓意识性法则，一方面是在锻炼中不断提高学生对炼身的认识，促使学生对体育提高自觉；另一方面是进行理论与实践相结合的教育，使学生了解自己的身体情况、掌握自己的锻炼指标、善于按照"超量负荷"法则调节个人运动量、便于考核个人的锻炼效果。

四、教学实验采用的体育方法

研究体育方法必须把体育方法与体育教学法严格区别开来，真正的体育方法，是研究身体锻炼和增强体质的方法。它是以人体发展的客观规律为依据的。体育教学法是研究体育知识技能传授的方法，以知识技能形成和发展的客观规律为根据。前者是增强体质的方法，以增强体质为目的；后者是掌握技术的方法，以传习技艺为己任。在学校体育工作中，不能以传习技艺为第一任务，必须以增强体质为中心。技术教学必须服从增强体质的需要。因此，不能把技术教学的规律看成身体培育的规律，也不能把对这两种不同规律的分析视为对教学规律的否定。体育方法与体育教学法是互相对立和矛盾的，但是在一定条件下又互相为用、互相促进，只是必须分清主次，有主有从。李兴文的教学实验始终坚持遵循人体发展的客观规律，用体育方法对学生进行身体培育。教学实验采用的方法有以下几种。

（一）负荷锻炼法

负荷锻炼法是一种有效增强体质的方法。一入学，体质教育试验班的学生就有计划地进行负荷锻炼，如做轻量负荷的哑铃操、做持实心球的体操、跑跳、投掷、攀登、爬越；重量负荷的蹲杠铃；提高耐久力的手持哑铃或铅球的慢跑步等。负荷量一般在最大体力负荷的 $1/2 \sim 1/3$ 为宜。

（二）重复锻炼法

重复锻炼法就是把一个简单的运动按一定的负荷标准有计划地反复进行，能有效地提高锻炼效果。要注意的是，每个反复的程序之间应给予一定的间歇，以消除疲劳。在重复次数上，要因人而异、区别对待。锻炼中主要用重复次数的增减来调节和检查与一定负荷标准相适应的运动量，准备下次锻炼时进行运动量的调节。

（三）间歇锻炼法

间歇锻炼法是保持锻炼效果和防止运动过度的一种锻炼方法。例如，在一次锻炼中安排两组 5×30 米强度较大的负荷，且两组间的间歇时间较长，待脉搏恢复到接近正常状态后再开始下组负荷训练。若一节课只有一组 5×30 米强度较小的负荷，则间歇时间要短一些，在间歇时间中可安排一些教学活动。

（四）连续锻炼法

连续锻炼法是自始至终、一气呵成的持续锻炼方法，它是提高耐久力、心博量和增加肺通气量的有效方法。该实验团队安排的健身慢跑锻炼就使用了这种方法，在锻炼中坚持把提高心肌功能作为主要目标，取得了较为理想的实效。连续锻炼法仍然是按照"超量负荷"的法则进行，要严格按照运动量必须与"超量负荷"指标相符合的要求进行。

（五）综合锻炼法

综合锻炼法是全面发展学生身体的方法。该实验团队把各种类型、具有各种不同锻炼效果的运动项目编成一组，排好顺序，用锻炼卡片的办法交给每个学生，使他们按规定的任务和指标去锻炼。这种锻炼是一贯到底的，不再重复。在这种方法的使用中，该实验团队特别注意对每个学生运用"超量负荷"法则，注意运动量符合"超量负荷"指标的要求，在运动项目的选配上注意改善学生的身体薄弱环节，因人而异、区别对待。

（六）巡回锻炼法

巡回锻炼法是体质教育试验班锻炼课最常用的一种形式。实践证明，这种锻炼形式有利于贯彻各项锻炼法则。巡回锻炼法就是用几种简单易行、行之有效的运动项目，在一定时间内组成固定的锻炼程序，周而复始地进行。必须坚持以培育学生身体为中心，使运动负荷保持相对稳定的状态，使全课有 25~30 分钟的负荷量在"最佳价值域"内。

五、教学实验的效果

实践证明，以增强体质为首要任务的体育指导思想是符合实际的。为了进行比较，在办体育教育试验班的同时，该实验团队选择一个对照班，这个对照班和全校其他班级一样，按旧的指导思想上课，经过一年半的体育实践证明，试验班和对照班（女生）在身体机能、运动能力等方面都有很大差别（表6-4）。

表6-4 试验班与对照班身体机能测定比较（女生）

班别	测验时间	安静时脉搏（次/分）	肺活量（mL）	台阶试验 指数	台阶试验 评定	800米健身跑 时间（分）	800米健身跑 心率（次/分）	800米健身跑 五分钟恢复（次/分）
对照班	1978年10月	64.4	2664	—	—	6	143.5	120
对照班	1979年6月	61.8	2693	—	—	6	140	112
对照班	比较	+2.6	+23	—	—	—	-3.5	-8
试验班	1978年10月	62.6	2710	80	一般	6	137.5	108
试验班	1979年6月	58.4	3000	92.2	良好	6	111.2	93
试验班	比较	+4.2	+290	+12.2	—	—	-26.3	-15

身体机能的提高，是身体培育的主要目标。它是体质增强的重要标志，是人体"质"改变的内在反映。认真研究和运用科学体育的原则和方法，是提高身体机能的关键。

（一）试验班与对照班学生运动能力测验情况比较

学生健康水平的提高是体质增强的具体体现。据调查，试验班学生从第一学期病缺18人次到第二学期病缺9人次。学生专业课考试成绩平均优良，没有不及格者。锻炼标准达标人数入学时只有2人合格，1979年6月有22人达标，占全班人数的55%，是全校达标人数最多的班级之一。

1979年，全校以班为单位进行春季越野赛，试验班参加人数百分比位居全校第一，该班学生入学时在同年级中体质是最差的班级之一，而比赛结果是该班在132个班级中名列第五。从上述对照数据中得知，试验班与对照班学生体质基础原本不相上下，但在一年之后，因为坚持的体育方向不同，所以结果各异。此外，试验班学生不但比对照班学生体质增强幅度（指数）高一倍多，而且在所受体质教育、掌握真正的体育科学知识与技能，以及确实学会两种可以使用一辈子的体育手段等方面都有优势。

（二）教学实验引发的思考

增强体质是大学体育的中心任务，掌握体育知识技能的教学，必须服从于培养学生身体的需要，因此解决人体发展问题只有运动教学法是远远不够的，必须大力研究和应用现代科学的体育方法学。为把我国体育中心转到现代科学体育的轨道上来，李兴文认为需要进一步弄清以下问题。

（1）必须进一步解放思想、正视现实，认真研究大学体育的现状与体育科学化、现代化的差距。

（2）必须正确认识体育的内在涵义，明确体育的根本任务。体育工作的成败，直接关系到民族之兴衰，要下决心建立、发展我们自己的体育科学。

（3）必须把竞技运动与科学体育区别开来，建立科学体育"大厦"，鼓励理论研究与实践研究。

（4）必须把体育法则与教学法则在认识和实践中区别开来，使体育教师学习和掌握现代科学的体育方法学，能够用体育的法则和方法指导炼身活动。

（5）必须把培育学生身体的体育方法与运动技术的教学法区别开来，使大学体育从自然的、经验的、传习式的体育中解放出来。

（6）必须把传授体育知识与技能从偏见中改正过来，以传授科学体育知识为主。

（7）必须彻底改变单纯追求几项运动成绩的评分法，坚持全面衡量学生体质的体育成绩考核。

（8）必须把体育的原则方法和教学原则方法结合起来，充分发挥各自特点，相互为用、互相促进。

第三节　曲宗湖教学实验

曲宗湖，曾任北京体育学院副院长、国家教委体卫艺司副司长。曲宗湖1956年从中央体育学院（现北京体育大学）毕业后留校任教，1963年又考取了中华人民共和国成立后首届全国统考的研究生（全国共2人）。自1956年起，曲宗湖与徐英超结下了不解之缘，形成了深厚的师生情谊。曲宗湖曾在《怀念我的导师、老共产党员徐英超教授》一文中回忆说："回顾我的一生，其中最感荣幸之事，就是得到徐先生的指导、培育长达三十年之久。"

"体质教育"一词，也是徐英超和曲宗湖经过反复多次商榷后提出的。1972

年，曲宗湖陪同当时已经72岁高龄的徐英超到中小学做体育教育的调查。两人走访了三省两市（河北省、山东省、江苏省、北京市、南京市），调查了近70所学校；1977年参观调查了24所中小学；1978年为了筹备"扬州会议"，调查了江苏省、上海市的53所中小学。在调研过程中，曲宗湖多次陪徐英超散步、谈心，一起统计分析调研素材。曲宗湖深知徐英超正在为解决学生体质下降的问题寻找对策。之后，两人经反复多次商榷提出了体质教育的指导思想。徐英超及时向时任教育部部长蒋南翔、副部长刘雪初提出对策建议。这为"扬州会议"的召开打下了理论基础。

曲宗湖铭记恩师教诲，为了更好地探索学校体育增强学生体质的途径，于1979—1980学年和1980—1981学年分别在北京十九中学和北京阜成路学校进行了确保"两操、两课、两活动"的教育实验。

一、教学实验背景

20世纪70年代中后期，基于对健康的认识，学校体育引起了世界各国的高度重视，很多国家纷纷进行教学改革，从时间、内容等方面积极引导学生参与运动、增进健康。曲宗湖在了解国外学校体育发展趋势的基础上，反观我国发现学生身体运动不足的现象更为严重。一味追求升学率导致增强学生体质的教育工作一直不被重视。中央有关部门曾为此多次召开会议，并于1979年颁发了《中小学体育工作暂行规定》（以下简称《暂行规定》），提出了"两课、两操、两活动"制度。但据实际调查，除了个别学校采取了改革措施（如上海市育才中学），其余大多数学校都难以落实改革，有的学校即使将改革课程列入课表中，也因无人领导和组织而被借用、占用或放弃。

曲宗湖认为，为了全面贯彻党的教育方针，真正落实《暂行规定》，使学生每天有一小时用于增强体质的教学和锻炼时间，必须采取强有力的措施，不仅把上课、做操和活动列入课表，还要有计划、有内容、有方法地组织进行。为此，曲宗湖在1979—1980学年和1980—1981学年分别在北京十九中学和北京阜成路学校进行了确保"两操、两课、两活动"的教育实验，设想在教育计划规定的时间内，摸索出一种增强学生体质的新途径。

二、教学实验的设计[①]

（一）实验目的

（1）保证全体学生每天有一学时的体育锻炼时间，真正使学生的体质得到增强。

（2）在实验过程中摸索既能增强学生体质，又能提高技术技能的教学程序。

（3）在实验课中，培养学生自主、自觉、自治的锻炼精神，使学生逐步养成独立锻炼的习惯。

（二）实验对象和时间

1979—1980 学年，在北京十九中学初一年级六个班和初二年级两个班中进行，两个年级学生共 346 人。

1980—1981 学年，在北京阜成路学校初一年级两个班进行对照实验，两班学生共 85 人。

（三）实验的组织

按照《暂行规定》的要求，在教学实验中把法定的每周"两课、两操、两活动"改为每周四节课和每天一次课间锻炼、每周两次早操。

（1）四节课是指每周两节体育课和两次课外体育活动都作为正课列入作息课表内，按正课要求进行。每次课必须在任课教师指导下，有组织、有计划地完成教育、教学和锻炼的任务。每次课 50 分钟，一周共 200 分钟。

四节课分成三种类型，具体如下。

①教学课。一周安排两节课，一节是新授课，一节是复习课。

②锻炼课。一周安排一节课。

③竞赛游戏课。一周安排一节课，全年级可排在一堂课上。

（2）课间锻炼，即将每天上午的课间操改为课间锻炼。活动内容除广播操外，还要做一组发展身体素质和运动能力的综合练习（如在原地进行跑、跳跃、

[①] 曲宗湖. 改革学校体育教学工作增强学生体质——保证初中学生每天一学时体育锻炼的实验（连载）[J]. 江苏体育科技，1982（2）：12-19.

上肢和腰腹力量练习等），这些内容一学期编排若干套，定期轮换。每天活动15分钟，一周共90分钟。每周两次早操，时间各为20分钟，内容主要是慢跑、做操和以发展力量素质为主的练习。总之，每周学生用于增强体质的锻炼时间为330分钟，平均每天55分钟。

（四）实验课的教材选择及分配

1. 实验课教学纲目安排的几点要求

（1）必须有效地增强学生体质。

（2）适合学生的身心特征、身体素质和运动能力的年龄阶段性特征，扬其所长，补其所短。

（3）既要使学生掌握一定的基本技术，又要发展学生的身体素质、运动能力，相互结合、相互促进，统一在实验课的教学过程中。

（4）培养学生对体育的兴趣，使学生掌握一些能一生受用的体育锻炼方法，并养成锻炼习惯。

（5）方便教学，简化教学程序，以单元教学形式编排教学进度，保证单元教学的完整性、全面性和连贯性。

（6）考虑季节气候特点。

2. 三种类型课的教材比重的大体分配

三种类型课的教材分配见表6-5。

表6-5 体育实验课（初一年级）教材分配（%）

教材	教学课	锻炼课	竞赛游戏课
1. 体育基本知识教材	5	—	—
2. 队列与队形变换教材	5	5	5
3. 准备性跑步和练习教材	5	5	5
4. 技术教材	50	15	5
5. 身体素质和运动能力的教材	25	60	20
6. 竞赛与游戏教材	7	10	60

续表

教材	教学课	锻炼课	竞赛游戏课
7. 恢复性放松教材	3	5	5

（数据来源：曲宗湖. 改革学校体育教学工作增强学生体质——保证初中学生每天一学时体育锻炼的实验（连载）[J]. 江苏体育科技，1982（2）：12-19.）

3. 各项教学内容的简介

（1）体育基本知识教材：主要讲解教育方针，体育在教育中的位置、意义，锻炼身体的基本知识等。

（2）队列与队形变换教材：按统编体育教学大纲规定教材内容。

（3）准备性跑步和练习教材：每次课有400米、600米、800米的匀速慢跑，根据每节课的技术教材需要进行诱导性和专门性练习。

（4）技术教材：是按教学计划规定的技术性较复杂的教材。第一学期列有短跑、跳高（男生）、跳远（女生）、铅球、支撑跳跃（女生）、垫上运动（男生）、手球；第二学期列有站立式起跑、跳高（女生）、跳远（男生）、手榴弹、双杠、小足球（男生）。两所学校试验班的教学内容大体相同。

（5）身体素质和运动能力的教材：包括速度性练习（30米、60米、100米跑及专门练习）；耐力性练习（150米、300米、400米、800米跑及专门练习）；上肢力量练习（俯卧撑、引体向上、斜向臂屈伸、哑铃上举、爬绳等）；弹跳力练习（立定跳远、跳绳、纵跳、蛙跳、多级跳等）；腰腹力量练习（仰卧起坐、立卧撑、元宝坐、仰卧举腿等）；柔韧性练习（站立体前屈、翻越双杠等）。

（6）竞赛与游戏教材：包括各种接力跑的竞赛和游戏、简化要求的球类游戏、发展各种素质教材的单项竞赛或班组竞赛等。

（7）恢复性放松教材：包括一般性放松练习、简单的舞蹈基本动作、放松性游戏、调整呼吸练习等。

（五）实验课的教学程序及其主要特点

1. 教学课分新授课和复习课两种

（1）新授课。

①要求：侧重掌握技术性强的教材的基本动作和技能，在教会学生技术的同

时，发展学生身体素质。

②主要特点：侧重教学，教育因素多；教师要充分发挥技术指导作用，采用多种教法和步骤，使学生掌握动作；学生在课上的负荷量一般属于中小水平（运动密度中等、强度偏小），按照技术教材的教学要求，发展相应的身体素质和运动能力。

③教学程序：队列练习—准备性跑步和练习—技术教学—综合素质练习—恢复性整理活动。

（2）复习课。

①要求：巩固新授课所学的技术教材内容，同时提高相应的身体素质和运动能力，技术教学和发展身体并重。

②主要特点：要求教师精讲、学生多练，加强锻炼因素；学生课上负荷量属于中等水平（运动密度较大、强度中等）；着重发展学生综合素质和能力，发展素质练习，尽可能与技术教学相结合；在教师的指导下，充分发挥体育骨干的组织作用。

③教学程序：队列和队形变换练习—准备性跑步和练习—复习技术教材内容—发展综合素质练习—恢复性整理活动。

2. 身体锻炼课

教师协助学生组织练习，由学生自己进行管理，教师只做辅导，采用定项、定量、定场地的办法。

（1）要求：采用学生已掌握的技术、技能，着重发展学生身体素质和运动能力，使学生掌握一些简单易行的自我锻炼手段、方法，并养成自我锻炼的习惯。

（2）主要特点：训练因素强，大多采用重复、变换、综合或循环练习法；负荷量较大（运动密度中等、强度较大），负荷量安排循序渐进，注意区别对待；在教师巡回指导下，充分发挥体育骨干的组织领导作用。

（3）教学程序：队列练习—基本体操—综合性素质练习（协调、柔韧、速度、力量、耐力）—恢复性整理活动。

3. 竞赛游戏课

随着学生独立锻炼能力的提高，采用集体比赛、记录名次的方法进行练习。

（1）要求：通过竞赛或游戏提高学生锻炼的兴趣；检查学生已学的体育技术技能，及时评定学生身体素质和运动能力，培养学生锻炼的进取心和集体荣誉感。

（2）主要特点：以比赛身体素质和运动能力的项目为主，也可比赛技术性教材。以接力或简化的球类游戏为主，使全体学生都能参加，比赛形式可以在班与班、组与组之间进行；教师确定竞赛项目或游戏，由体育干部组织，力争让班主任参加；负荷量大小依据竞赛项目或游戏性质灵活掌握；必须记录每个学生的成绩和全组、全班的成绩，力争赛完即公布成绩，以提高学生的积极性。

（3）教学程序：队列评比—准备性跑步（或基本体操评比）—身体素质练习—竞赛和游戏——恢复性整理活动。

（六）实验课效果评定

为了说明实验效果，该实验团队选择了形态、机能、身体素质和运动能力等10项指标，第一学年在北京十九中学的试验班进行实验前后的对比，第二学年在北京阜成路学校采用配组法进行试验班与对照班的比较。试验班按实验方案组织进行练习，对照班按现行学校体育安排进行练习。在实验过程中，抽查一定数量的实验课，记录教学效果、负荷量情况及学生课上的锻炼情绪，对实验效果加以评定。

三、教学实验的效果

（一）每天确保学生有一学时的体育锻炼时间，全体学生的体质有明显提高

经过对北京十九中学一学年的教学实验，该实验团队对初一年级六个班学生（男124人，女94人，共218人，有效数据占实际人数的89.71%）的各项指标进行测定统计，算出平均数、标准差、标准误并用 T 值加以检验（表6-6、表6-7），除女生身高和体重、男生身高因其自然发育增长因素提高不显著外，其他各项指标都有较大幅度的提高，其中男生各项指标和女生大部分指标 T 检验都达到0.01水平，女生其他指标也达到0.05水平，这说明学生的体质有明显提高。同样，在第二学年北京阜成路学校初一两个班的对比实验中，也得出与北京十九中学实验基本相同的结果。

表6-6　北京十九中学初一男生体质测定数据处理表　　　　　　　　　(N=124)

数值		身体素质、运动能力指标					形态、机能指标				
		100米	立定跳远	举重15千克	一分钟立卧撑	400米	身高（厘米）	体重（千克）	肺活量（mL）	心率（次/分）	视力
$\bar{X}$（平均数）	起点	18″43	1.54	49.61	24.15	1′32″	151.23	76.81	1951	81.23	1.33
	终点	17″07	1.78	66.00	30.65	1′25″	149.40	85.03	2389.7	76.29	1.32
S（标准差）	起点	1″73	0.19	11.93	4.84	13″05	7.45	21.09	692.3	11.54	0.41
	终点	1″75	0.22	14.18	5.43	10″75	26.53	24.17	465.7	12.2	0.35
$S\bar{X}$（标准误）	起点	0.155	0.017	1.071	0.434	1.172	0.68	1.93	63.46	1.06	0.04
	终点	0.157	0.019	1.273	0.487	0.965	2.43	2.22	42.69	1.12	0.03
T_1		—	6.172..	3.48.	8.28..	10.00..	4.61..	0.726	2.80.	5.74..	3.21..	0.20

注："."表示已达到0.05水平，".."表示已达到0.01水平；终点数字是经一学年实验课后测试成绩。

（资料来源：曲宗湖．改革学校体育教学工作增强学生体质——保证初中学生每天一学时体育锻炼的实验（连载）[J]．江苏体育科技，1982（2）：12-19．）

表6-7　北京十九中学初一女生体质测定数据处理表　　　　　　　　　(N=94)

数值		身体素质、运动能力指标					形态、机能指标				
		100米	立定跳远	举重15千克	一分钟立卧撑	400米	身高（厘米）	体重（千克）	肺活量（mL）	心率（次/分）	视力
$\bar{X}$（平均数）	起点	20″56	134.95	27.48	17.84	1′38″9	151.19	77.41	1768.75	90.06	1.32
	终点	18″05	161.75	51.38	24.31	1′32″9	152.10	81.31	2001.72	73.16	1.29
S（标准差）	起点	2″73	27.82	13.57	4.55	17″2	6.88	21.09	749.76	23.81	0.35
	终点	2″98	36.49	14.06	6.22	13″6	28.08	24.17	108.35	27.25	0.39
$S\bar{X}$（标准误）	起点	0″34	3.48	1.70	0.58	2″15	0.86	1.93	93.72	2.98	0.044
	终点	0″37	4.56	1.76	0.78	1″70	3.51	2.22	13.54	3.41	0.049
T		—	5.00..	4.65..	9.76..	6.70..	2.19.	0.25	1.13	2.46.	3.73..	0.46

注："."表示已达0.05水平，".."表示已达0.01水平；终点数字是经一学年实验课后测试成绩。

（资料来源：曲宗湖．改革学校体育教学工作增强学生体质——保证初中学生每天一学时体育锻炼的实验（连载）[J]．江苏体育科技，1982（2）：12-19．）

曲宗湖认为，每周仅靠两节课来增强学生时体质是很难的。据苏联学者的研究，学生上体育课消耗的能量物质所得到的补偿，平均只有一昼夜活动量的11%。他们认为，只有参加早操、课前操、课间操和课间休息的活动性游戏及放学后散步，才可能使小学儿童一昼夜活动量增加到60%。曲宗湖的实验也说明，只有保证学生每天平均参加近50分钟的有组织、有计划的锻炼活动，才能达到增强体质的效果。根据体育锻炼中练习与休息、疲劳与恢复相互作用的原理，学生的机体在有一定负荷的体育活动中所消耗的能量物质，在锻炼后能得到超额的补偿。只要学生每天有一学时的体育锻炼，就能促使这种消耗和补偿始终处于不间断的交替进行状态，从而使学生机体内部能量储备越来越多、体质日益增强。可是，当前大多数中小学只限于每周两节体育课，学生练一次歇两三天，机体所获得的超量补偿很快就会消失。只有坚持每天有一定负荷的有效锻炼，才能使学生机体物质代谢加快、能量物质积累增多、体质日益增强。因此，必须把"两操、两活动"落实到课表内，即每周有四节课（三节小课、一节大课），每天保证15分钟的有一定质量的课间锻炼和每周两次早操，以增强学生体质。

（二）保证适宜的、有节奏的负荷

究竟怎样的负荷能促进学生机体的物质代谢加快、能量储备增多呢？1979年，苏联学者提出，适宜运动量平均心率为140~154次/分；上课时的运动密度不低于60%。日本学者除提出心率130~170次/分的适宜指标外，还提出45分钟的体育课至少要有15分钟纯练习时间。美国的《体育保健教科书》中对初中学生体育锻炼的负荷量要求为每节课练习至少15分钟，这样才能增强学生的心脏功能。国内也有不少学者对学校体育课负荷量指标提出好的见解，但这些指标都是针对一次课而言的，对一周只有两节（日本三节）课是适宜的，但对于我国学校体育课要保证每天有近50分钟体育活动、每周安排四节课来说，这样的负荷量能行吗？曲宗湖团队提出这样的设想：一周的训练安排应使学生得到适度的超量负荷，调节负荷要有节奏，将负荷和休息合理调配，使学生机体能力逐步得到提高。为此，曲宗湖的教学实验根据四种课型的要求，在负荷量安排上采用如图6-1所示的模式。

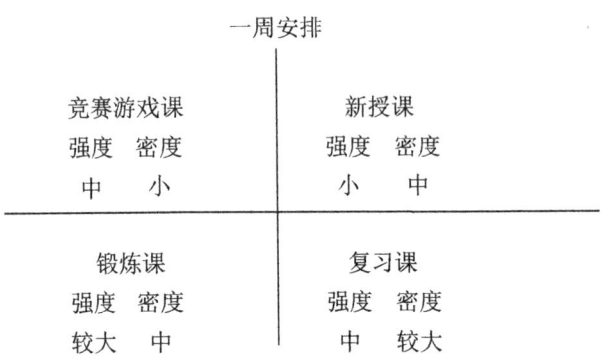

图 6-1 四种课型及负荷量要求

经过两学年的实验,该实验团队随机测定了 42 节课(北京十九中 19 节课、北京阜成路学校 23 节课),并请专人用密度测定仪和遥测心率仪分别测定四种课型的负荷,所得结果与预想设计方案稍有差距(表 6-8~表 6-11)。锻炼课的负荷虽较大,但仍小于复习课。分析原因主要是锻炼课主要按照教师规定的内容由学生干部带领进行,因而锻炼课的组织不严密,影响了负荷量。但总体看来,一周负荷的节奏还是较明显的,呈中小—大—较大—小。在北京阜成路学校,把试验班中 17 节教学课和对照班中 8 节教学课进行对比,在运动密度方面试验班明显大于对照班,经 T 检验,二者有十分显著的差异(达到 $P = 0.001$ 水平),而在平均心率和心率指数方面,虽然试验班大于对照班,但差异不显著(P 接近 0.10 水平)。

表 6-8 北京十九中实验课运动负荷记录统计

课类		记录课次(次)	运动密度(%)	运动强度	
				平均心率(次/分)	心率指数
教学课	新授课	4	29.35	144.78	1.68(中)
	复习课	6	36.06	154.86	1.80(大)
锻炼课		7	34.91	158.07	1.79(大)
竞赛游戏课		2	18.84	137.23	1.53(中小)

(资料来源:曲宗湖. 改革学校体育教学工作增强学生体质——保证初中学生每天一学时体育锻炼的实验(连载)[J]. 江苏体育科技,1982(2):12-19.)

表 6-9　用密度测定仪和遥测心率测定结果

课类	运动密度（%）	平均心率（次/分）	心率指数
教学课	32.3	159	1.77
锻炼课	31.7	138.4	1.54
竞赛游戏课	22.4	134	1.50

注：这次教学课是复习课。

（资料来源：曲宗湖．改革学校体育教学工作增强学生体质——保证初中学生每天一学时体育锻炼的实验（连载）[J]．江苏体育科技，1982（2）：12-19．）

表 6-10　北京阜成路学校实验课运动负荷记录

课类		课次（次）	运动密度（%）	运动强度	
				平均心率（次/分）	心率指数
教学课	新授课	6	29.02	122.47	1.55（中小）
	复习课	11	35.94	148.65	1.71（中大）
锻炼课		3	28.84	137.81	1.65（中）
竞赛游戏课		3	23.04	121.83	1.47（小）

（资料来源：曲宗湖．改革学校体育教学工作增强学生体质——保证初中学生每天一学时体育锻炼的实验（连载）[J]．江苏体育科技，1982（2）：12-19．）

表 6-11　北京阜成路学校初一两班负荷（教学课）对比

类别	课次（次）	参数	运动密度（%）	运动强度	
				平均心率（次/分）	心率指数
实验班	17	$\overline{X}$	33.50	139.37	1.65
		S	8.13	16.86	0.16
对照班	8	$\overline{X}$	24.47	130.08	1.51
		S	6.81	18.46	0.21
T 检验			2.90**	1.21	1.67

注：** 表示已达 0.01 水平。

（资料来源：曲宗湖．改革学校体育教学工作增强学生体质——保证初中学生每天一学时体育锻炼的实验（连载）[J]．江苏体育科技，1982（2）：12-19．）

北京阜成路学校初一实验班每周安排两次早锻炼，早锻炼的负荷量应足够才有利于学生的健康且不影响上午学习？为此，该实验团队观察了三次早锻炼，发现20分钟的早锻炼内容以匀速慢跑、做基本体操和发展力量素质为主比较好，负荷量则以较大密度和较小弧度为宜，这样的安排不会使学生过于劳累。该实验团队抽查了三次早锻炼后至上第一节课前的全班学生的心率，其平均心率是88.58次/分，基本上恢复正常（表6-12）。

表6-12　北京阜成路学校初一实验班早锻炼负荷量记录

抽测课次（次）	平均心率（次/分）	心率指数	运动密度（%）	上午第一节课前全班平均心率（次/分）
三	128.77	1.54（较小）	39.77	88.58

（资料来源：曲宗湖.改革学校体育教学工作增强学生体质——保证初中学生每天一学时体育锻炼的实验［J］.江苏体育科技，1982（2）：12-19.）

根据两所学校实验课的负荷安排进行练习，学生身体反应一般良好，在复习课和锻炼课后，所测北京十九中学十九次课后5分钟学生心率高于安静时心率20次/分左右，大多数学生基本恢复。学生普遍认为有些累，但能承受。

曲宗湖认为，以传授技术、技能为主的新授课，以中小负荷量为宜，这有助于学生完成技术教学任务；复习课和锻炼课在反复练习中不仅可以巩固所学技术，还可以通过较大负荷的刺激使学生机体得到适度的超量负荷，经过一定的间歇，学生所消耗的体内物质逐步得到恢复和补充并超过原来水平。这符合运动生理学的原理：重复工作发生在超量恢复的阶段，只有负荷量逐渐增大，机体能力才能得到提高。

（三）既发展了学生的身体，又较好地完成了技术教学任务

在一节体育课中，既要锻炼学生的身体，又要使学生掌握一定的体育技术、技能，这与我国的实际情况——每班学生人数多、场地器材设备不足、教师指导能力不足是较难兼顾的，而实验课提供了这样的可能。要全面完成体育教学任务，不应着眼于一节课，而应着眼于一个单元的教学，按照每周不同类型体育课的特点，在发展身体和掌握动作技能的比重上有所侧重，才能达到两者兼顾的教学要求。该实验团队在北京十九中初二两个试验班中用两周半（十节课）让学生掌握跨越式跳高技术，发展学生弹跳能力和速度耐力，结果发现在学生弹跳能

力和速度耐力得到提高的同时，跳高教学任务也完成得较好，学生成绩有一定幅度的提高（表6-13）。初一六个班手榴弹教材经过一个单元的教学（两周共八节课）后，其中有记录的四个班的平均成绩提高了90厘米。

表6-13　北京阜成路学校跨越式跳高技术教学效果记录

班级	学生数（人）	教学前平均成绩（厘米）	教学后平均成绩（厘米）	增长幅度（厘米）
初二一班	51	90	101	+11
初二二班	52	91.3	103.7	+12.4

（资料来源：曲宗湖．改革学校体育教学工作增强学生体质——保证初中学生每天一学时体育锻炼的实验［J］．江苏体育科技，1982（3）：17-21．）

北京阜成路学校的试验班和对照班在第二学年完成跳箱分腿腾越、跳高和铅球掷三项技术中，尽管跳高和铅球两项对照班起点比试验班高，但经过三个单元教学，试验班无论是在技术评定还是在达标方面都比对照班提高幅度大，现以跳高和支撑跳跃两项项目的效果比较进行说明。

从表6-14和表6-15可知，经教学两班的技评和达标成绩都有明显提高，T检验都达到0.01或0.05水平。两个班进行比较，在跳箱教材上，虽终点测验试验班成绩好于对照班，但差异不显著，而在跳高教材上实验班比对照班提高较显著。

表6-14　北京阜成路学校初一跳箱教材教学效果对照

类别	N	起点成绩 $\bar{X}$	S	终点成绩 $\bar{X}$	S	T检验	差 $\bar{X}$	S	T检验
试验班	43	2.07	0.55	4.01	0.83	11.83**	1.94	0.91	1.69 <0.01 >0.05
对照班	42	1.63	0.94	3.30	1.07	7.26**	1.67	0.55	

注：**表示已达0.01水平；跳箱分腿腾跃教材以五级分制评定教学效果。

（资料来源：曲宗湖．改革学校体育教学工作增强学生体质——保证初中学生每天一学时体育锻炼的实验［J］．江苏体育科技，1982（3）：17-21．）

表 6-15　北京阜成路学校初一跳高教材教学效果对照

类别	N	起点成绩 $\overline{X}$ (cm)	S	终点成绩 $\overline{X}$ (cm)	S	T 检验	差 $\overline{X}$ (cm)	S	T 检验
实验班	43	83.49	11.26	93.37	9.68	4.37**	9.88	6.11	2.44*
对照班	42	88.81	13.83	94.64	12.12	2.05*	5.83	8.00	

注：*表示已达到 0.05 水平，**表示已达到 0.01 水平。

（资料来源：曲宗湖. 改革学校体育教学工作增强学生体质——保证初中学生每天一学时体育锻炼的实验 [J]. 江苏体育科技，1982（3）：17-21.）

实验结果初步说明，采用单元教学计划，四种类型课的教学任务比较明确（图 6-2）。教学课的重点是使学生掌握某项技术教材，使全体学生由不会到会、由不熟练到熟练；教师能按照动作技能形成的规律，采用各种教法手段，循序渐进地进行指导，较好地完成大纲中的技术教学任务。同时，在锻炼课中，学生的身体素质和运动能力不断得到提高，不仅能增强学生的体力，还有助于学生进一步掌握技术技能。通过竞赛游戏课可及时发现、掌握该单元的技术教材情况和学生各项身体素质的提高情况。通过每周一次对学生掌握教材的评定，教师能把所得到的反馈信息及时用于教学，调整下一周或下一单位的教学计划，使其更符合教学实际，使教学程序更趋于合理。

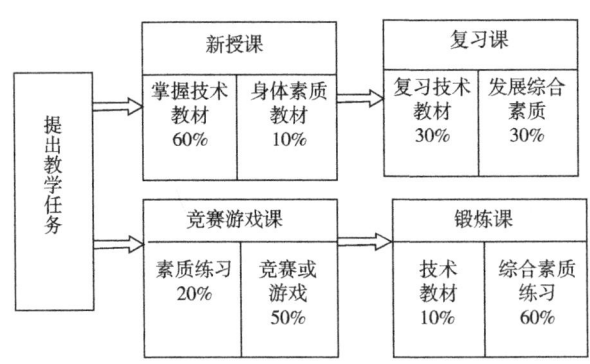

图 6-2　一周体育教学过程（动作技能教学和身体锻炼）的程序

（四）提高学生的肌力和心肺耐力是增强学生体力的基础

早在 20 世纪 50 年代初期，英国里兹大学的体育教师摩根（Morgan）和阿丹森（Adamson）提出，提高学生的体能主要是提高学生的肌力和耐久力，并通过教学实践加以证实。20 世纪 70 年代以来，国内外有关提高学生肌力和耐力，尤其是关于耐久跑的研究文献，几乎一致确认增强肌力和耐力练习对活动全身的肌肉、促进各器官系统的代谢能力、加强氧输送系统的活动、预防心血管系统功能的老化和疾病有显著效果。国外学者不仅在中老年人中广泛采用长距离慢跑的运动处方来预防心血管疾病，还在少年儿童身上进行研究。徐英超更明确地提出，预防对人类生命威胁最大的心脏病必须从青少年开始，从小就要注重增强学生的心力（即心脏肌肉的功能）。曲宗湖及其团队在实验过程中贯彻了这种思想，并在教学中加以具体化、固定化。

该实验团队要求无论是哪种类型的课，都必须有匀速慢跑和各种力量练习，坚持堂堂练、天天练。每次课在队列练习后必须进行定量或定时的耐力跑，曲宗湖称为"准备性跑步"，认为它既锻炼了心肺功能，又活动了全身，起到了一般性准备活动的作用。该实验团队要求匀速慢跑应是小强度的，不要求变速也不要求加速，渐进加量，由定量（300 米、600 米）逐渐到定时（固定 5 分钟跑）。通过两轮实验，学生普遍不再惧怕长跑，并且初步养成跑步的习惯，机体有氧代谢能力得到提高。北京十九中的初一试验班男女生耐力跑成绩，经 T 检验分别达到 0.01 或 0.05 水平，都有显著意义，同时反映心肺功能的肺活量和安静脉搏也都达到显著水平。北京阜成路学校的试验班提高更明显，尤其是反映心肺功能的台阶实验评定指数和肺活量都明显超过对照班，T 检验除男生五次肺活量外，都达到显著水平，说明试验班学生心肺功能有所提高（见表 6-16）。

表 6-16 北京阜成路学校初一试验班与对照班五次肺活量和合阶实验指数起终点测试相比

五次肺活量（毫米/水银柱）

班型	N(人)		男 起点	男 终点	男 差	T	女 起点	女 终点	女 差	T
试验班	22	$\bar{X}$	2499	2802	393	0.33	2289	2603	314	2.17*
		S	704.6	740.4	232.7		204.6	237.7	178.4	
对照班	25	$\bar{X}$	2510	2878.5	368.5		2276.7	2418.3	141.6	
		S	465.3	466.8	155.4		258.9	273.7	193.2	

合阶实验指数

	男 起点	男 终点	男 差	T	女 起点	女 终点	女 差	T
试验班	56.8	73.4	16.6	4.8	52	64.8	12.8	3.03**
	7.9	10.4	8.3		4.8	9.4	8.4	
对照班	51.1	54.5	3.4		51.8	55.4	3.6	
	5.2	6	4.9		5.9	6.6	5.1	

注：* 表示已达 0.05 水平，** 表示已达 0.01 水平。

（资料来源：曲宗湖. 改革学校体育教学工作增强学生体质——保证初中学生每天一学时体育锻炼的实验 [J]. 江苏体育科技, 1982 (3): 17-21.）

该实验团队从实验结果得到启示，如果在长达十二年的中小学校生活中，每天都有至少5分钟的耐力跑和一定时间的力量练习，那么对增强正处在快速生长发育期的青少年的心肌能力、体质会有很大的作用。在中小学就养成良好的耐力跑习惯，将对学生一生坚持跑的运动、推迟心脏的老化和预防心肺功能的衰竭起到巨大的作用。

（五）不同类型课的教学程序，对提高学生的锻炼兴趣、调节学生的锻炼情绪有一定积极作用

初中一、二年级的学生活泼好动，对多种形式、多样内容的身体练习感兴趣，对单调枯燥的内容、方法容易产生疲劳和厌倦心理。传统的每周两节的体育课无论是在内容还是在教学程序安排上，都是一种模式，容易使学生感到乏味。如果再加上物质条件导致的运动密度小的情况，则学生更提不起上课的兴趣，就会影响教学质量的提高。

实验课的四种类型课在内容的选择、组织教法的采用和负荷量的安排上各有特点，正符合少年儿童的心理特征。练习内容的多样、组织形式的经常变换，再加上采用竞赛、游戏的方式，不仅会提高学生的兴趣，还能使学生每周都能了解自己的体能情况，培养学生练习的自觉性、主动性。

特别要说明的是，每周一次的竞赛游戏课取得了比预期更好的效果。在竞赛游戏课上主要比较学生在教学课上学会的体育技术、获得的素质和能力和各班的纪律和作风。全年级安排在一起上课，教师统一规定内容，班干部负责具体组织，班主任观战和指导，大家气氛热烈、情绪高涨。由于一般当场宣布班（组）的成绩和名次，学生为争取班（组）集体荣誉的进取心特别强烈（表6-17）。这种形式对检查和督促教师提高教学课和锻炼课质量及调动班主任抓好班级体育的积极性都有一定作用。

表6-17 北京十九中学初一各班九次班际"竞赛游戏课"各项成绩评定表

班级	性别	推举哑铃	立定跳远	篮球运球	20人次×150米接力	60米迎面接力	立定跳远	立卧撑	手榴弹掷远	60米快跑	总分	名次
初一一班	男	1	4	6	4	4	6	6	6	2	31	五
	女	4	4									

续表

班级	性别	推举哑铃	立定跳远	篮球运球	20人次×150米接力	60米迎面接力	立定跳远	立卧撑	手榴弹掷远	60米快跑	总分	名次
初一二班	男	6	1	5	6	5	4	5	4	4	28	六
	女	6	4									
初一三班	男	4	3	2	1	3	2	3	1	3	52	三
	女	5	1									
初一四班	男	5	1	3	2	2	3	4	3	1	53	二
	女	1	2									
初一五班	男	3	2	1	3	1	4	2	2	6	55	一
	女	2	2									
初一六班	男	2	3	4	5	6	2	1	5	5	36	四
	女	3	3									

注：表格所列数字是每次竞赛课该项比赛全班平均成绩所得名次；总分是按名次所得分累计而成的。

（资料来源：曲宗湖. 改革学校体育教学工作增强学生体质——保证初中学生每天一学时体育锻炼的实验［J］. 江苏体育科技，1982（3）：17-21.）

（六）提高了学生达到国家体育锻炼标准的比率，身体好有助于智育的发展

经常锻炼可促使技术和技能的掌握、身体素质和运动能力的提高，进而促使"达标率"提高。1980年5—6月，北京十九中全校进行"达标"测验，从初二年级达标率的统计中（表6-18），明显看出试验班（初二一班和初二二班）名列前茅。1981年6月，北京阜成路学校按新锻炼标准进行全校测验，初一试验班达标率比对照班高得多（表6-19）。

表 6-18　北京十九中初二年级各班达标率统计

班级	全班人数			达标人数			达标率（%）
	男	女	总数	男	女	总数	
初二一班	28	23	51	12	17	29	56.8
初二二班	28	27	55	22	11	41	61.4
初二三班	29	18	47	11	9	20	42.5
初二四班	24	25	49	4	14	18	36.7
初二五班	20	21	41	6	6	12	29.2
初二六班	26	16	42	2	5	7	16.6
初二七班	24	14	38	1	3	4	10.5

表 6-19　北京阜成路学校 1980—1981 学年第二学期初一各班达标率

班级	人数	达标人数			名次	备注
		男	女	总计		
初一一班	44	19 86.4%	21 95.5%	40 90.9%	—	（1）一班是试验班；二班是对照班。 （2）名次是以全校 17 个班达标率进行评比得到的
初一二班	42	15 71.4%	13 61.9%	28 66.7%	11	
初一三班	42	13 52.0%	12 48.0%	25 59.5%	14	

有意思的是，从期终考试的各门文化课成绩来看，北京十九中（非重点学校，学生入学成绩普遍较低）试验班是全年级最好的（该校到初二年级按学习成绩分班，一班和二班是快班，三班、四班、五班是中班，六班、七班是慢班）。从初中一年级各班六门课程两学期平均成绩的统计来看，体育好的班文化课学习成绩也不错（表6-20）。

表 6-20　北京十九中初一各班文化课学习与体育成绩统计

类别		成绩	初一一班	初一二班	初一三班	初一四班	初一五班	初一六班
六门文化课程	平均成绩（分）		73	66.2	69.9	74.2	78.1	69.5
	名次		三	六	四	二	一	五

续表

类别	成绩	初一一班	初一二班	初一三班	初一四班	初一五班	初一六班
体育成绩	九次竞赛课名次	五	六	三	二	一	四
体育成绩	体育考核成绩名次	三	六	二	五	一	四

初一五班文化课两学期总平均分是78.1分，为全年级第一，体育也是全年级第一；相反，初一二班不仅学习全年级最低，体育也最低。北京阜成路学校初一试验班的文化学习成绩（阜成路学校是北京市海淀区非重点学校，入学起点成绩较低）全年级最低，由于校领导和班主任从全面教育观点出发来抓体育，学生体质日益增强，学生纪律和精神面貌有很大改善，该班各门文化课由全年级第六上升到第二。

四、几点建议

（1）从两学年实验的初步结果来看，应完善现行学校体育制度，把"两课、两操、两活动"改为每周四节课、两次早操和每天一次大课间锻炼活动，确保学生每天有一学时的体育锻炼时间，并且必须固定在学校作息制度和课程表内，有计划、有组织、有安排地进行教学与锻炼。这样能有效地增强学生体质。

（2）把每周列入课表的"两课、两操、两活动"变成四节课，可按体育教学和身体锻炼的任务，分成教学课（新授课和复习课）、锻炼课、竞赛游戏课，按单元教学计划的形式，合理安排每次课的内容、比重及教学、锻炼程序。两年的实践初步证明，只要认真抓，这种做法是可行的，既增强了学生的体质，又使学生掌握了大纲中规定的体育技术、技能，还有助于学生养成自觉、自律的锻炼态度和能力。

（3）按照渐进负荷和适宜超量负荷的原理，有节奏地安排不同类型课的负荷量，使学生的体质逐周、逐月、逐年得到提高。实验课的结果初步显示出实效，但由于种种客观原因，两校的试验班只能做到按男女性别分组安排不同的负荷量，并不能按体质分组给量，如果能按体质水平科学分组、按组定量，则效果将会更明显。

（4）每一单元教学应被看成一个完整、系统的体育技术教学和身体锻炼的整体，两者紧密结合。教学课应以教学为主，充分发挥教师的指导作用，强调在确实完成技术教学的前提下适当发展学生的身体素质和运动能力；锻炼课则以发展学生的身体素质和运动能力为主，巩固学生所学技术，以锻炼因素为主导；竞赛游戏课则以全体学生都参加的多种内容的竞赛和游戏为主，通过竞赛游戏不仅可活跃学生的身心，还有利于学生道德品质的教育，同时也是对学生掌握技术和发展身体效果的经常性评价。教师根据评价得到的信息，及时调整下一单元的教学计划，以不断提高教学和锻炼的质量。

（5）不同类型课的教学内容和组织教法应多样及经常变换，以不断提高学生的练习兴趣。每次课都必须有耐力跑和各种力量练习，这是提高学生的肌力和心肺耐力所必需的，是一种基础体力锻炼，其效果已被实验所证实。

第四节　陈智寿教学实验

陈智寿是福建师范大学体育科学学院教授。在体质教育流派中，陈智寿的最大贡献在于将徐英超、林笑峰等的"体育即体质教育"理论应用于实践之中，进行了教学改革实验。

陈智寿认为，体育课程的主要任务是传授增强体质的知识和方法。基于长期以来体育课程对运动教学的偏重，在福建省教委的支持下，陈智寿从 1985 年起进行了以提高学生的健身意识、能力及体质为目的的改革实验。教学实验从 1985 年开始，在小学、初中、高中分段进行，每轮为期三年，共进行了五轮，参加的中小学共有 28 所，对象有 7000 余人。

一、教学实验的背景

（一）运动损伤的困扰

陈智寿喜爱体操运动，曾获得福建男子竞技体操全能冠军与亚军各三次，参加过五次全国比赛，曾任福建体操队队长。基于长期以来我国社会上存在的"体育即运动与运动竞赛"的认识，加之之前的运动训练与比赛经历，陈智寿一直秉持"体育即运动""运动技术高，教学能力与身体健康必然好"的观念[1]。基于这种认识，1955 年大学毕业从教后，陈智寿在较长时间内都以纯技术观点教育

---

[1]陈智寿. 我的体育课程改革之路——纪念林笑峰先生逝世一周年 [J]. 体育学刊，2012（3）：13-16.

学生。

据陈智寿回忆,1959年26岁的他参加完第一届全运会就退出了竞赛体育的舞台。但过去的训练与比赛中受过伤的部位经常发作,疼痛难忍,影响其工作与生活。"扬州会议"后,体育界提出体育要赶超世界水平,多拿金牌为国争光!于是,陈智寿所在的福建大学体育系对学生的训练也加大了运动量。随着比赛增多,学生的运动损伤如骨折、肌腱撕断、关节脱臼、脑震荡、肌肉韧带拉伤时有发生。面对学生运动损伤频频发生的情况,再结合自身的运动经历,陈智寿不断地问自己:这是体育吗?这样搞体育,符合"发展体育运动,增强人民体质"的宗旨吗?体育是什么?如何发展体育才能增强人的体质?[1] 这些发自内心的拷问为陈智寿日后坚定地进行体质教育改革实验埋下了种子。

(二) 运动技术高、教学能力低的反差

在"体育要多拿金牌"的口号下,福建师范大学体育系学生的运动竞赛水平不断提升,但教学能力每况愈下,"教案写不出,写出来自己也看不懂;教学无序,讲解混乱,队形调动笑话不少"等问题在教育实习阶段尤为突出,这同陈智寿长期秉持的"技术高,教学能力必然好"的理念背道而驰。陈智寿痛定思痛,通过回顾自己的成长经历,在到中学观摩体育课后认为:"体育系是培养体育教师,不是培养运动员,体育教师要具备五种能力:会读、会写、会讲、会做、会教。"于是,在院系领导的支持下,陈智寿组建了团队,开始了对体育师范生"五会"能力的培养实验,实验历经三年,取得了良好效果。思想的转变和"五会"教学实验经历成为陈智寿开启体质教育改革实验的钥匙。

(三) 受林笑峰、陶德悦、黄震、吴翼鉴、古奇踪等学者的鼓励

1978年左右,华东师范院校体育专业交流会在福建师范大学体育系举行,会议期间受陶德悦教授引荐,陈智寿结识了华东师范大学的黄震教授。此时的陈智寿已经有了"体育课程的主要任务是传授增强体质的知识和方法"的认识,当陈智寿问黄震"以后我应怎么做"时,黄震回答:"按你的思路研究下去。"于是,陈智寿更加坚定了自己的主张。

在这次会议上,陶德悦还送给陈智寿一本书,名叫《体育方法学》,是由林

---

[1] 陈智寿. 我的体育课程改革之路——纪念林笑峰先生逝世一周年 [J]. 体育学刊, 2012 (3): 13-16.

笑峰编写的。此时的陈智寿并不认识林笑峰，由于《体育方法学》理论性很强，他在阅读时遇到了很多不解的问题，于是陈智寿写信向林笑峰请教，两人便开始通信联系。后来两人于1980年在厦门举行的全国学校体育论文报告会上第一次见面，也是在这次论文报告会上，陶德悦又向陈智寿引荐了九江教育局的吴翼鉴。会议期间，陶德悦、黄震、林笑峰、吴翼鉴四位先生每晚都在一起讨论体育与竞技本质等问题，陈智寿旁听，期间他也介绍了自己体育观的变化过程，得到了四人的肯定，他们支持陈智寿进行改革实验。

之后，在集美大学的教学观摩会上，陈智寿又结识了中国教育学会体育研究会的会长古奇踪，在谈了自己的观点后，古奇踪说："你的思路是正确的，但你不要与人争议体育、竞技等问题，你要按自己的思路去改革学校体育、进行实验，用改革实验的结果去回答体育、竞技等问题，一定要去改革实验，我等着看到你的成果！"受到大家的肯定、鼓励和支持，陈智寿找到了并肩做事的友人，找到了志同道合的改革者，这给予了他进行体质教育改革实验的勇气。

二、教学实验的理论基础

（一）什么是体育

陈智寿认为，从体质方面对人进行培育的过程，即培育体质的教育，就是体育。这是陈智寿对体育的认识，也是他主持的教学改革实验的指导思想。

陈智寿在《学校体育整体改革的探索》《对体育中几个概念的讨论》等文章中，表述了自己对体育的认识。他认为，教育是培养人的系统工程，因此对被教育者应从品德、智力、体质（或身体）三个基本方面进行培育，这个培育的过程，即品德教育、智力教育、体质（或身体）教育，简称德育、智育、体育。德育、智育、体育是教育的有机组成部分，是教育的子工程，缺一不可。因此，体育是培育体质的教育，也是保护生命、提高生命质量和正确对待生命的教育。[1]

陈智寿认为体育也可叫作养身教育。养身教育、身体教育、健身教育、体质教育等，目标都是培育人体的质量，陈智寿将它们视作同义词，但认为它们应统称为体育，因为体育在我国已有百年历史，已成为人们的习惯用词。

---

[1]陈智寿. 对体育中几个概念的讨论[J]. 体育学刊，2007（2）：12-15.

(二) 体育课就是增强体质的课，增强体质的课应该怎么上

在明确体育是培育体质的教育后，体育课就是增强体质的课的认识立刻显现在陈智寿的脑海中。然而，长期以来我国的体育课都是运动课，其教学内容、教学方法、教学模式均围绕传授某项运动的技战术展开。增强体质的课是什么样的课，应该如何上？增强体质的课与运动课有什么区别？一系列问题又摆在了陈智寿面前。陈智寿及其团队经过不断学习、实验与多轮研讨，逐渐揭开了增强体质的课的神秘面纱。

陈智寿认为，增强体质的课，其教学内容应该是增强体质的方法（锻炼方法）和增强体质的法则，即增强体质的运动必须和增强体质的方法相结合，才能作为增强体质的手段。增强体质的方法（锻炼方法）包括负荷、重复、间歇、连续、变换、巡回等，增强体质的法则包括全面性、个别性、适应性、意识性、长期性。

(三) 体育课与运动课的区别

陈智寿明确体育课就是增强体质的课后，又进一步对体育课与运动课的区别进行了辨析。陈智寿说："体育教师都会上运动课，视运动课为体育课。实际上，运动课不等于真正的体育课。为追求竞技娱乐的目的，对运动员所进行的运动技术战术教学训练课是运动课。体育教师为增强学生的体质，使用运动文化体育教材化的教材，以及使用合理的生活制度、自然力（日光、空气、水）、卫生措施为手段的教材，这种课才是真实的体育课——增强体质的教育课。"[①]

三、教学实验的准备

陈智寿及其团队基于提高学生健身意识、健身能力及增强体质的教学改革实验于1985年正式启动。成功的教学实验离不开充分的准备，现介绍陈智寿的教学实验准备。

(一) 了解学生体质健康的状态

陈智寿在阅读我国和福建第一次学生体质调研论文集的基础上，根据福建学

---

①陈智寿. 体育课和运动课问题 [J]. 体育学刊，1998 (4)：102-103.

生的形态、机能与运动素质数据，制定了各年龄组的指标，计算出各指标的年增值，从年增值可以看出各指标突增、减慢、下降及停止的时间段。但学生体质调查是按年龄横向进行的，各年龄组的样本不同，其年增值不等于纵向发展的年增值。陈智寿根据体质调研的修正法对年增值进行修正，使年增修正值接近纵向发展年增值。

由于各指标的单位不同，从年增修正值中难以看出各年龄组哪些指标处在突增、减慢、下降与停止状态，为此制定了各指标发展示意表。以 7 岁（现在为 6 岁）的年增值为基础，找出各指标最大年增修正值相加之和，除去被调查的年龄段（以前为 7~25 岁，现为 6~22 岁），以此分析各指标与各年龄组的发展状况。

（二）制定学生体质评价标准

实验指标为当时国家教委规定的学生体格检查指标，如身高、体重、胸围、肺活量和运动素质等，同时陈智寿从林笑峰那里得知日本从儿童至老人都有 20 秒反复横跨的测试，于是增加了"反复横跨"这一指标。

第一轮实验采用全国学生体质调研的五等评价法：下等、中下等、中等、中上等、上等，陈智寿改用 1、2、3、4、5 来表示。在第一轮实验中，学生从开始至结束，在等级上无明显变化，80%的学生始终处在 3 等。分析原因发现，3 等的上限至下限之间间距太大。在第二轮实验时，把 3 等再划分三个等级，变为 1、2、3、4、5、6、7 等，3~5 等为原来的 3 等。按此制定出的标准不仅能看出测量值变化，还能明显地看出等级的上升或下降。但又发现，2~3 等与 5~6 等的间距没有变，这对少数学生不公平。因此，参考《实用体质学》的离差法制定出新标准，且等级值分布较公平合理，实验的结果更好。

（三）制定学生个人体质发展登记卡

卡片分正背两面，各指标分为开始与追踪三年栏。正面为非正态分布的五官、内脏器官等是否正常的记录，背面为正态分布的指标，分上、下两个半部。上半部各指标分为上、下两栏，上栏登记测量值，下栏由学生对照评价表填写其等级；下半部为综合评价图，把学生评价结果的等级在直线等级点上做记号，然后把互邻记号连成直线，可直观地看出各指标等级是上升还是下降，还可看出学生胖或瘦。

（四）编写知识参考书

根据林笑峰《体育方法学》中关于增强体质的手段的论述，陈智寿组织本校教师编写《强身之道》教师参考书，后正式出版更名为《大众健身指南》，供教师与学生学习使用。

（五）编写体育课程改革实验大纲

1. 课程的总目标、学段目标与年级目标

（1）总目标：传授增强体质的知识、方法与技能，培养增强体质的意识与能力，为学生当下与将来增强体质服务；根据体质发展规律，在全面健身的基础上，以突增期指标与下降指标为重点目标；将思想教育贯穿于教学全过程，培养学生团结、互助、互学、竞争与安全等意识。

（2）学段目标：根据年龄特点、体质发展状况、文化程度等，把总目标具体化。

（3）年级目标：根据年级特点、学生体质发展现状、文化程度、学校环境与教学条件，把总目标与学段目标转化为可操作、可检查、更具体的目标。

2. 教学内容纲要

（1）知识内容：根据总目标、学段目标、年级目标，从《大众健身指南》中选择内容，或根据环境与学校实际需要增加内容，将增强体质的知识、方法与技能从浅入深、由点到面逐步传授给学生，为学生当下与将来增强体质服务，做到知识内容与目标一致。

（2）运动教材：根据学生运动能力、环境与学校条件等，采用田径、体操、球类、武术等基本练习方式，或因地制宜创编教材。

3. 考核

以目标为依据，促进学生用体育课所学习的内容去实践，检查教与学是否达到目标，培养学生的健身意识与能力。

四、教学实验的实施

(一) 知识教学

增强体质涉及遗传、营养、卫生、身体锻炼与作息制度等因素,因此要把这些基本知识和方法教给学生,同时要求学生掌握体质的测量与评价方法、了解自己体质主要指标的发展状况,培养学生根据自己体质状况实施体育锻炼的能力。

强调学用结合。每次体测后,要向学生反馈结果,指导学生按自身的测查值对照评价表评出自身的等级,绘制评价综合图,分析自身的体质状况。指导学生制订个人的健身计划,布置课外作业,促进学生课外实践,以巩固健身知识、培养健身意识与能力。

(二) 体育课的教学

体育课的教学在形式上与常规课无区别,但在基本部分分为运动教学与身体锻炼两部分,教学时间上约各占一半。

1. 运动教学

运动教学是为学生当下与未来锻炼身体提供素材。教学内容包括体操、田径、球类、武术等运动项目,在学生掌握教材的基础上,使其初步了解教材的锻炼价值与目的,启发学生用自己的方法练习的兴趣。例如,投掷实心球是培养投掷能力的方式,是发展力量素质的方法之一,在学生掌握投掷实心球的动作之后,向学生提出"用投掷实心球来发展臂力、腹、背肌力量应怎样投?""发展灵敏、协调、平衡性,提高中枢神经系统的灵活性又该怎样投?"等问题,于是学生们可创造出用左手侧向前推、胯上向前抛、背向抛、单手肩后向前抛、双手胸前向前推、加旋转推等动作形式(其他项目也类似这种方法)。这样既提高了学习投掷实心球的价值,又发展了学生的思维与创造力,调动了学生学习的积极性。[1]

2. 身体锻炼

身体锻炼是指有目标地锻炼身体,使学生身体素质和机能水平有明显的发

---

[1] 王振三,陈智寿. 体育教学整体改革追踪实验 [J]. 体育教学,1992 (3):31-33.

展,每次课为10~20分钟。在小学中,按群体体测与评价结果制订目标,用综合、巡回、间歇等方法,因地制宜选择内容进行群体锻炼。在初中年级,先按教师制定的目标进行群体锻炼,然后留部分时间让学生针对自己发展差的指标进行自身锻炼,促进体质的全面发展。学生锻炼能力提高后,根据自己的锻炼目标进行自身锻炼,自我控制生理负荷。在教学中可采用以下几种方法。

(1) 确定锻炼的目标。根据人体生长发育规律和实验学生体质的现状提出各年级的锻炼方向。例如,初一年级的重点目标是发展耐力、力量、弹跳力与体前屈,提高速度,促进心肺功能与胸臂围的发展;初二年级的重点目标是发展力量、耐力、体前屈、肺活量及胸围,继续提高速度与弹跳力。

(2) 选择锻炼手段。针对确立的锻炼目标,选择必要的练习手段。例如,发展上肢力量增大胸臂围,应在每次课上采用如俯卧撑、斜身引体、爬竿、高杠引体、双杠支撑移动、双杠臂屈伸等手段。采用不同的练习手段来达到同一个目标,具体的练习内容在每学年计划中体现,保持学生的练习积极性。

(3) 选择练习的方法。例如,增大胸臂围用重复法、负重法,提高心肺功能用持续法、巡回锻炼法等。使脉搏在120~140次/分的最佳阈值范围内,连续运动5~20分钟。

(4) 集体锻炼与个人锻炼相结合。课上基本按总体目标进行集体锻炼,同时可让学生根据各自不同的薄弱环节进行个人锻炼。课前,每个学生根据自己体质评价的结果,制定运动处方;课上,学生针对个人体质状况有目标地锻炼。这样既培养了学生自我练习的能力,又有针对性地弥补了个人的不足。

(三) 课内外配合

根据林笑峰与国外的相关研究,身体锻炼要按超量恢复的原理,隔天锻炼或两天锻炼、一天休息,效果最好。但学校每周只有两次体育课,因此教师要求学生课外要锻炼一两次,与体育课配合,间歇进行,每次锻炼10~30分钟即可。

(四) 体育教师与家长配合

小学一年级的学生无自我评价能力。在开家长会时,应把学生体质发展登记卡与评价标准发给家长,指导家长根据孩子的测量值给各指标评级,并绘制体质课评价图,为增强孩子体质提供依据。假期期间,家长应督促孩子每周进行3~5次的锻炼,使锻炼连续进行。从小学二年级起,要求学生将学生体质评价结果带回家反馈给家长。

(五) 行政管理

1. 建立学校体育处或小组

学校体育处或小组的处长或小组长由分管学校体育的校长担任，成员有体育教师、校医、总务处长和年级段长，班主任与任课教师都要参加。处长或小组长要制定增强学生体质的措施，总结结果。每年体测与评价结果由体育教师向所有成员反馈，为各方面增强学生体质提供依据。校医室与总务处管理学校环境、学生宿舍与食堂的卫生。班主任指导学生做好教室卫生，安排或带领学生进行课外两三次身体锻炼，了解学生在卫生、饮食与作息方面是否存在问题，发现有问题者要督促其改正。任课教师要管理学生读、写、坐等正确姿势，对姿势不正确者要教育改正，同时减轻学生的学习负担，保护学生的视力。总之，增强学生体质人人有责。

2. 建立竞技俱乐部

根据林笑峰的《体育方法学》，身体锻炼与竞技、身体娱乐的本质不同，有各自的目标、内容与方法，检测的指标也不同，必须区别开来，按各自的规律进行。因此，由社团与学生会配合，组织各种俱乐部，让学生自由报名参加。教师指导，学生互教、互学，共同提高。以闽清县县溪初级中学为例，该校组织了11个运动俱乐部，参加的学生有646人，占全校学生的97.5%，调动了学生的运动兴趣和积极性，发挥了学生的主体作用与聪明才智，发展了学生的运动个性。

五、教学实验的案例

继1985年开启教学实验后，陈智寿又于1987年成立了"体育课程整体改革追踪实验"课题组，在四所中小学进行了为期三年的探索性实验。1989年，根据摸索的初步经验，他又在小学、初中、高中和高师进行了为期三年的第二批实验。下面以第二批实验为例进行详细介绍。[①]

(一) 实验的目标

(1) 传授增强体质的知识与方法。

---

①陈智寿.改革体育课程，提高育身效益[J].中国教育学刊，1991 (6)：33-36.

(2) 培养增强体质的意识和能力。

(3) 促进学生主动而独立地增强体质。

(二) 实验的原则

实验的原则是指实验过程要遵循的基本规律,它可归纳为四个一致、三个结合、两个坚持。

1. 四个一致

(1) 教学的内容与目标一致。在体育知识方面,从小学至高中,要把体育各种项目、技术的基本知识与方法,由浅入深地、逐步地传授给学生。在运动教材方面,根据学段的不同,把主要运动项目的内容由易到难地传授给学生。

(2) 上课的方法与目标一致。体育课包含体育教学和身体锻炼两个部分。

体育教学,又分运动教学与体育知识教学。在运动教学中,要求学生能掌握动作,但不统一用竞技运动的技术规格去要求学生。对于高年级,要求学生必须了解教材的炼身价值与如何将教材用于炼身或转化为生活能力。对运动竞赛的知识与方法也有介绍,让学生在课外各取所需地把教材转化为竞技或娱乐之用,但不是教学的主要目标。

身体锻炼是有目标的,应根据目标选择素材与方法。例如,提高心肺机能,须选有氧代谢的素材,用巡回锻炼法等进行。炼身应按炼身的原则与方法进行,每次课时间为 10~20 分钟。

体育教学是基础,炼身是在教学的基础上进行的,因此教学实验课有教又有炼。

(3) 考核的内容与目标一致。各课程的考核都要依据其目标来确定内容,并反映目标达到的水准,体育课程也不例外。因此,考核的内容为体育知识与能力、运动技能和体质。体质主要指标以学生入学时的体质等级为基础,按等级的保持、提高或下降给予适当评定,促使学生运用有关的体育手段保持或提高其等级。

(4) 课外工作与目标一致。体育教师和学校领导、班主任与家长密切联系、配合,搞好课外体育活动。

2. 三个结合

(1) 炼身按体质发展的规律与个体差异相结合。体质各指标的发展有一定的规律性。在炼身中，应在坚持全面锻炼的同时，有重点发展的目标。重点目标为突增期的指标、各校及学生个人发展较差的指标。这样既可防止揠苗助长，又不会错过发展的时机，还能弥补薄弱的环节，促进各指标的均衡发展。

（2）炼身的长期性与阶段性相结合。体质各指标的发展须坚持长期锻炼，因此确定的锻炼目标不仅在一个学期甚至更长的时间内每次要去锻炼，还要指导学生在课外去发展。每次课的炼身素材是多样的，以促进多种目标的发展。但是，炼身过程中各指标的发展会出现不平衡现象，因此每个学期或每个学年都要调整目标。

（3）教师的主导作用与学生的主体作用相结合。学习与炼身的过程中，学生都是主体。因此，教师要启发、指导学生，发挥学生的能动性，在教与炼的过程中培养学生的主体意识。

3. 两个坚持

（1）坚持教学过程中的全面发展教育。首先要寓德、美、劳教育于教学与炼身过程中，为培养"四有"人才服务。其次要促进学生形态、机能、运动能力与素质、心理、适应能力的全面发展，不能只抓运动素质。

（2）坚持目标，因地制宜地教与炼。目标必须达到，但各校的教学条件与学生的状况有差异，允许对运动教学与炼身的内容因地制宜地进行选择或补充。

（三）实验的方法

为贯彻原则进而达到目标，陈智寿在教学实验过程中采用了以下方法。

1. 体质测量反馈法

在实验的开始阶段与每年5月份，进行体质主要指标的测量，将测量的结果反馈给学生、家长和学校领导，为他们从不同的方面增强学生体质提供依据。

2. 体质指标发展状况对比法

以福建1985年体质调查的资料为量表，进行两个对比。

（1）综合追踪比较：每年对学生群体的单指标等级进行评价后，绘制追踪比较图，分析学生群体的体质发展是否均衡。

（2）各指标的年增值追踪比较：将各年龄组的年增值与1985年对比，观察各指标的增长程度。

少数有条件的学校以同年级非试验班的学生为参照对象，观察试验班与对照班学生的体质发展是否存在差异。

3. 学生自创炼身法

在学生基本掌握教材的结构后,根据教材的特点,从炼身或生活等方面提出课题,让学生自行设计练习的方法。例如,在初高中,在学生掌握实心球或铅球的推、抛基本方法后,提出发展背群肌肉要怎样投或抛、发展腹肌要怎样投或抛的问题,练后进行评议,看谁的设计最好。这既能引导学生把教材创造性地运用于炼身或生活,又发展了学生的思维,调动了学生学习的积极性。

4. 个别对待法

根据教材的炼身目的,按个体差异进行个别对待。例如,小学阶段教跳上横箱向前跳下,目的是培养学生超越障碍和安全落地的能力,发展腿力、平衡性、敏捷性,提高神经系统的机能。为达到这些目的,可以由学生量力选择高度、练习形式。在练习方法与技术规格方面,不强求学生一致。

5. 独立作业法

从小学四年级开始,学生要独立进行自我体质评价、绘制综合评价图、了解自己的体质发展状况、自测脉率等。初中及高中的高年级,要求学生根据体质评价的结果独立制定运动处方、独立锻炼,强化学生炼身意识,培养学生炼身习惯。

(四) 结果

1. 学生的体育知识与能力有一定的提高

小学高年级的学生能自测脉率,知道负荷价值阈的范围,能自我评价体质,能绘制综合评价阈,了解自己的体质状况,能安全地进行运动。初中与高中的学生知道什么是体质,懂得增强体质需要综合运用体育手段,知道炼身的原则与方法,有了初步制定运动处方的能力。南平一中初中实验组连续三个寒暑假布置了炼身作业,学生由初步尝试到逐步适应,并向自主锻炼方向发展。以福州六中高中实验组为例,对于根据个人体质的状况有目标地进行锻炼的学生,在实验开始前没有,至第二年时达到学生人数的62%,说明学生科学炼身的意识与能力在逐步形成。

2. 学生的体质得到一定增强

在各校实验开始时,学生的体质都有某些指标较差。实验进行后,学生体质都有一定提高,各指标发展较均衡。同时,各指标的增值多数高于福建1985年的平均水平。1985年福建男、女17~19岁年龄组的耐力、力量与立定跳远水平处在停滞或下降状态,但福州六中实验组的同年龄组学生却有所提高。宁德师范附小实验组和对照组的机能和运动素质,在实验开始时除个别指标外,其余均无显著差异;实验进行后,实验组学生各项指标显著优于对照组(P<0.05或P<0.01)。

3. 品德等教育有一定的成效

实验组的学生上课积极主动、生动活泼,遵守课堂规则,爱护运动器材,团结合作,精神面貌较好。

(五) 建议

为使学校体育向素质教育转轨,达到上述目标,对学校体育的改革提出以下建议。[①]

1. 转变观念,摆正学校体育的位置

转变"体育即运动"的观念,摆正体育作为教育组成部分的位置。为此,学校应把增强学生体质纳入计划,并建立学校体育领导小组,从卫生、身体锻炼、作息、心理教育和营养指导等方面着手,综合规划部署、检查、总结学生的健身工作。竞技与娱乐运动对于丰富学生生活、推进精神文明建设等有重要价值,应加以提倡,但其目标不在于增强学生体质,不能与身体锻炼混为一谈,应成为独立体系,按自己的规律进行。竞技与娱乐运动可由学生会与团队组织实施,凡愿意参加的学生都可申请加入,学校与教师给予宏观指导,让学生自己管理与开展运动,发展他们的创造性和运动个性。

2. 建立体质测量与评价反馈系统,改革体育评价办法

每年要对学生进行一次体质测量,将结果反馈给学生,指导他们进行自我评价;小学生与初中生的体质测量结果要反馈给家长;群体的体质测量结果经统计与评价反馈给领导、体育教师与班主任等。这样既为各方增强学生体质提供了依据,也检验了健身效果。

该实验团队在改革中不断完善体质测量与评价反馈系统,效果很好,但问题在于教育行政评估学校与学生体育时,不评估学生的体质状况。因此,必须改革现行的学校体育评估办法,制定一个能较全面反映学生体质水平的体育标准,把

[①]陈智寿. 学校体育整体改革的探索 [J]. 体育学刊, 1998 (3): 4-5.

学校体育与学生体育导向健身的轨道。

3. 改革体育课程,为学生健身服务

体育课不等于学校体育,但它的上位定义词是体育,应成为指导学生健身的课程,为达到学校体育的目标服务。因此,应把人体科学、体质测量与评价、体育各种手段的基本知识与方法由浅入深、逐步地传授给学生,为培养学生的终身体育能力打好基础。体育课还应该依据学生体育目标,组织课内外锻炼,增强学生体质,培养学生科学锻炼的意识与能力。

在方法上,教师的主导作用要与学生的主体作用相结合,对于能实践的课题与学生有能力解决的问题,要让学生去思考、发现、创造,在学中用、用中学,培养学生的体育能力,同时依据年龄与教材等特点进行品德与心理教育。

第五节 邓若锋教学实验

邓若锋是广州市增城区增城中学体育教师、广州市基础教育名师。

邓若锋的学术启蒙老师是林笑峰。据邓若锋回忆,20世纪80年代,邓若锋在上大学期间听过华南师范大学体育系教授林笑峰的讲座,被其渊博的学识所吸引,就此踏上了"追师"之路。

20世纪90年代,在林笑峰的指导下,邓若锋开始了"健身知识技能教学"的理论与实验研究,在此基础上,最终创立了"身体练习体验"的体育教学体系。

一、健身知识技能教学实验的产生背景

任何一个教学改革都有其特定的产生背景,邓若锋主持的健身知识技能教学实验是在国家一直强调增强体质与学生体质持续下降的强烈反差下产生的。

邓若锋认为,自中华人民共和国成立以来,党和国家历来重视增强学生的体质和改善健身状况。20世纪50年代,毛泽东主席提词"发展体育运动,增强人民体质";20世纪60年代初,《体育理论》和《体育教学大纲》确定以增强体质为学校体育的指导思想;1979年扬州会议之后,颁布了《学校体育工作暂行规定》,正式提出学校体育的根本目的在于增强学生体质,评定体育工作的成绩以"最根本的是看学生的体质是否有所增强"为标准;1983年,何东昌同志在听取国家教委体育司汇报工作时指出:"学校体育在指导思想上要坚持三个为主,就

是以增强学生的体质为主、以普及为主、以经常锻炼为主。"之后，1995年又迎来了《全民健身计划纲要》的实施。五十年的体育历程，从政府角度审视，学校体育与增强体质似乎始终有着某种固定的联系。然而，在政府一直高调重视学校体育增强体质的目标的同时，我国学生的体质水平却持续下滑。

邓若锋认为造成这种局面的原因主要有以下三点。第一，对体育缺乏哲学思考，对体育的本质认识不清、理解出现偏差，特别是对体育本质的泛化和异化，致使体育工作领导者和体育理论工作者的体育目标的确立、体育内容和教学方法的选择、体育评价标准的选择和各项体育方针政策的制定不合理；体育教师不能树立正确的教学观，很容易受各种错误体育观和思潮的影响，在对学生进行教育的过程中左右摇摆。第二，对体育缺乏科学认识，造成对体育工作的错误认识，即用"训练和培养运动员"的内容、方法、手段和形式来进行增强体质的教育，达到增强体质的目的。第三，对体质教育缺乏研究，在口号中喊"增强学生体质"的多，而现实中对增强体质的教育的问题研究太少。增强体质的教育是一个复杂的系统工程，涉及多个学科的方方面面。很多体育工作者在了解西方发达国家的某些体育动态后，并未对我国的国情进行仔细的分析比较和理性思考，在没有深入中小学体育进行教学实践和试点实验的情况下，想当然地开展"体育改革"，出现了很多的失误。[1]

具体而言，邓若锋认为，体育教学长期以来，在"竞技"（Sports）和"运动"（Sport）的思维方式下，以"运动技术"为教学内容主线，导致运动技能与健身知识相脱离，在体育教学中较多地强调运动技术，形成相应的动作技能和运动技能，但如何利用学习和掌握的动作技术、技能来锻炼身体、科学健身，却很少有人关注。广大体育教师与学生仍然停留在"体育等于运动""运动等于健身""健身等于健康"的思维方式中，在科学健身大门外做文章。

体育教学如何才能直指体质增强？在众多问题的困扰下，为了寻找答案，邓若锋将视野转向了国际。邓若锋发现，20世纪60年代以来，针对体育教学提高学生体质的问题，国外学者已进行了长期探讨和研究，并取得了一定成果。例如，1965年美国洛杉矶加利福尼亚州陶兰斯城中学教师卢密娜，按照学生身体对运动的反应，以适宜的身体运动为主要健身手段，以脉率为评价依据制订了体育课计划。20世纪80年代，日本的西户山中学也进行了类似的体育教学实验。20世纪90年

---

[1]邓若锋. 健身知识技能教学的实验总结 [J]. 体育学刊, 1999 (5): 12-19.

代，美国、英国等在学校体育教学中提出了"Fitness and Wellness"（维持生命的身体适应能力）的问题，并进行相关的实验研究，形成了较为系统的内容体系和评价标准。21世纪初，世界发达国家，如美国、英国、法国、日本等在对学校体育教材内容的改革中形成了各具特色的"Fitness and Wellness"教材内容、教学方法和形式。与之同时，国内也开展了一些关于增强体质的教学实验。

受到众多研究的启发，从1998年开始，在《全民健身计划纲要》颁布并大力实施的背景下，邓若锋依据"各级学校是实施的主渠道"及学生不同阶段的身心发展规律和体育学习需要，经过反复的教学尝试与反思，于1999年撰文提出"把健身知识技能作为体育课的主教材"，并将其作为体育教学改革的主题，在广州增城小学及中学进行了十五年的教学实验。在十五年的"健身知识技能"教学实践中，他较好地解决了"健身知识"与"技能教学"相脱离的问题，将健身知识技能作为体育教学内容，主线清晰，有着较好的心理顺序和逻辑规则。通过健身知识技能教学，学生对体育学习形成想学、乐学、会学的状态，走进科学健身的大门，为终生健身打下良好的基础。

二、健身知识技能教学概述

（一）什么是健身知识技能教学

健身知识技能教学是指针对我国体育教学中长期以运动技术教学为中心、没有将科学锻炼身体的知识和技能传授给学生的现状，依托《全民健身计划纲要》的实施，在体育教学中有目的、有计划地向学生传授锻炼身体的健身知识和技能。

邓若锋将健身知识技能教学视为一种全新的教学形态，其教学的逻辑起点是"从关注生命到生命体验"，"提升生命的质量、完善生命的发展"是其教学的最终目标。在"从关注生命到生命体验"的教学过程中，他以培养学生科学的健身意识、健身能力、健身习惯，使学生能终生从事健身活动为目标，在内容和负荷上根据学生个体的实际需要进行选择；把健身的方法和法则作为重要的教材内容，普遍贯穿于各种身体运动教材之中；以120~150次/分的心率作为最佳健身负荷价值阈，作为健身效果评价的基本参照标准；把身体运动、营养卫生、生活制度、自然力、心态调适等作为健身的手段，以定量为主进行健身效果评价[①]。

---

①邓若锋.试述健身知识技能教学的课型特征［J］.体育师友，2010（3）：40-41.

（二）健身知识技能教学的特征

在研究中，邓若锋团队对健身知识技能教学的多个层面进行实验研究，发现这种教学与传统的运动技术传授为主的教学有很多不同的地方，其主要特征归纳如下。

1. 教学目的、目标、任务均以增强体质为中心

健身知识技能教学是以增强学生的体质为目的；以认识和掌握健身知识技能，培养终生健身意识、健身能力、健身习惯，学会怎样学习健身知识技能的方法为主要目标；以认识、理解、掌握健身法则和方法，并运用于身体运动之中，与自然力、生活制度、卫生措施进行协调配合的知识、技能作为具体的任务。教学的目的、目标、任务都围绕增强体质这一中心进行，不会出现偏差。

2. 从关注学生的生命出发，将健身知识技能的学习视为生命的一种体验

健身知识技能教学以身体活动练习为主要手段，并与营养卫生、生活制度、自然力、心态调适等手段相结合，以增强学生的体质、增进学生健康为主要目的。

邓若锋认为，对于以身体活动练习为主的学习内容，必须以具体的身体练习为学习活动载体，承载科学锻炼身体的健身知识和技能的学习、人格品质的培养，使学生增强体质、增进健康、养成良好的人格品质，提升生命的质量，完善生命的发展。人的健康直指人的生命，人的健康与人的生命息息相关，健康是生命存在不可缺少的条件。由此，可形成"体育学习""身体练习""健康""生命"的一个逻辑顺序关系，"生命"是这一逻辑顺序中的终点，是终极追求。如果能将学生完成体育学习过程中的基本行为和认知取向与学生的"生命"相联系，那么在关注生命的意识主导下，应以身体活动体验为基本行为，遵循身体练习活动的认知规律进行生命的体验活动，使人的物质生命、精神生命、社会生命有机融合在一起，提升人的生命质量。这是一种注入了生命意识的、以身体练习活动为载体的体验。这种体验是以生命为前提的，它直接将健身知识技能这一学习对象融入了学生的生命意识之中。

3. 健身知识技能教学的内容选择与设计必须和生命发展建立联系

健身知识技能的体育教学内容，必须和学生的生命发展建立一定联系，找到与学生生命发展、完善的联系点，才能让学生通过身体练习体验、领悟到学习的意义和价值。例如，高一学生选择耐久跑作为学习内容，其中的"学习和利用耐久跑进行健身，可增强体能、提高机体的免疫能力、培养吃苦耐劳的人格品质"

是联系点。

健身知识技能的内容主要包括各种身体运动、营养卫生、生活制度、自然力、心态调适等健身手段、健身方法和法则、健身效果评价等。其中，需要将选择和设计的每个教学内容与学生生命的发展和完善建立必然的联系，更需要在具体的教学中，通过教师的教学来引导和激励学生，充分发挥学生的主体作用，同时唤醒其心灵。学生在健身知识技能内容的学习过程中，具有主体的生命意识，能于学习的健身知识技能与自身生命的发展之间建立必要的联系，能将所学的知识技能内容引入生命领域。学生在一定的学习活动情境中，通过学习活动来反映生活，并由生活事件来体现生命。学生将健身知识技能"生活化"和"生命化"，使其成为个人经验的有机组成部分。

4. 健身知识技能教学需要将健身知识活化在具体的身体活动练习之中，并利用其他学科知识进行学习活动

为了能让学生更好地认识和理解健身知识技能的学习内容，教师应合理地对其他学科中与健身知识技能学习相关的知识点进行串联，让学生利用其他学科的知识来加强对健身知识技能学习的认识和理解，并指导学生进行健身活动，与此同时，也能再现其他学科的知识，使其生活化。例如，高中《化学》的"必修1""必修2""选修1（化学与生活）"中都有与健身知识技能学习相关的内容。又如，高中《生物》（必修1）中有"细胞的能量供应和利用""有氧呼吸和无氧呼吸"等。这些都是很好的健身知识技能学习内容，是科学健身中必不可少的知识点。因此，可选择合理的时机进行相关知识的传授与应用。例如，利用整队集合时机进行导向性传授；利用课中间歇时机进行评价性传授；利用课中典型事例进行有针对性的传授；利用课程小结时机进行总结性传授。

5. 把健身的法则和方法作为重要的内容之一，以120～150次/分的心率作为健身运动的最佳健身负荷价值阈

健身方法有重复锻炼法、连续锻炼法、间歇锻炼法、变换锻炼法、巡回锻炼法等；健身法则有意识性、长期性、渐进性、全面性、个别性等。健身知识技能教学在于肯定健身的方法和法则。健身的方法和法则与运动技术教学的原则和方法有着本质的区别。健身知识技能教学把健身的方法和法则单独作为教学内容，又把它普遍贯穿于身体运动教材内容之中，直接为健身所用。在教学中往往把身体运动的教学与健身方法和法则的教学有机地组合在一起，使学生在掌握某种身

体运动的技术动作后，可按一定健身方法和法则进行身体锻炼。以 120~150 次/分的心率作为健身运动的最佳负荷价值阈，让学生学会使用这一基本的健身效果评价标准，在教学中将其作为健身知识技能内容进行教学。

6. 重视所学知识技能的实际应用

学以致用是健身知识技能教学的又一基本特征，学生对健身知识技能的学习重在知识和技能的实际应用，而不在于掌握知识技能的量。从认知心理学的角度来看，学习可以分为三个层次：一是概念的学习，通过概念来了解事物的性质；二是规则的学习，懂得概念与概念之间的联系；三是问题解决的学习，即运用概念和规则来解决问题。学生对健身知识技能的学习主要是第三层次的学习，其目的是发展运用已有知识和技能来解决实际问题的能力，这是它与一般的知识、技能学习的根本区别。在这一点上，健身知识技能教学与传统体育教学有所不同。学生在学习过程中，需要对即时所学的知识技能进行实际应用，并在所学健身知识技能的实际应用中领悟其要领。健身知识技能在学习形式上有发现、探究、交流的特点，但在学习内容上，其侧重于问题的解决，所要解决的问题一般是具体的、在生活实际中经常发生的、与自身生命发展相联的、有社会意义的问题。

（三）健身知识技能教材内容教学选择——以高中为例

健身知识技能教材内容以健身方法和法则为主线，将身体运动、营养卫生、生活制度、自然力、心态调适五个健身手段串联起来，使教材内容的逻辑顺序和心理顺序能够与学生的认知发展相符合。下面以高中为例进行说明。

该实验团队从高中体育与健康课程的目标出发，将运动参与、运动技能、身体健康、心理健康、社会适应五个学习领域目标中具体化的各要素，细化到以健身方法和法则为主线的身体运动、营养和卫生措施、生活制度、心态调适等健身手段的内容之中。从表 6-21 可知，在健身知识技能的基本内容中，根据各内容要素的学习目标，可以更好地达到高中体育与健康课程标准（水平 5、水平 6)[1]的目标。把健身知识技能作为教材内容，就是把健身的法则和方法作为教材内容，这是健身知识技能教学的主线和灵魂[2]。

---

[1]此处的"高中体育与健康课程标准"是指 2003 版的课程标准。
[2]邓若锋．高中健身知识技能教材内容的构建［J］．体育学刊，2008（9）：71-74.

表 6-21 高中健身知识技能教材的基本内容及学生的学习目标

健身手段	基本内容	学习目标
身体运动	（1）走、跑、跳、投掷等基本身体运动 （2）各种适合高中生的球类运动 （3）徒手操、器械体操、武术 （4）游泳	（1）掌握和运用身体运动技术和技能 （2）学会学习基本身体运动的方法，形成相应技能 （3）获得相应的身体运动知识 （4）应用所学身体运动技能进行健身活动 （5）全面发展体能
营养与卫生措施	（1）高中学生所需要的营养情况 （2）如何进行科学饮食 （3）个人、公共、环境卫生的基本要求 （4）身体运动卫生的基本要求 （5）劳逸结合与健身 （6）应时更衣、按时沐浴、适度阳光照射、吸收新鲜空气、充分睡眠	（1）掌握和应用基本的营养知识 （2）提高预防疾病的意识和能力 （3）关注和改善身体健康状况 （4）了解传统养生保健方法与现代体育锻炼方法的异同
生活制度	（1）如何科学作息 （2）睡眠与学习的关系 （3）休闲娱乐活动与学习的关系 （4）饮食制度与健身的关系 （5）日常生活中的服饰与健身 （6）日常生活中的礼仪与健身	（1）逐步形成健康的生活方式 （2）具有和谐的人际关系、良好的合作精神和体育道德 （3）具有积极的社会责任感
自然力	（1）自然力的种类（空气、阳光、水）。 （2）自然力与健身的关系。 （3）进行健身运动如何与自然力相协调	（1）懂得环境对健身的影响 （2）懂得根据环境的变化来健身
心态调适	（1）身体与心理的相互关系 （2）如何在身体运动中获得成功的体验 （3）学会通过身体活动来调节情绪 （4）利用健身活动来调节状态	（1）在身体活动中努力获得成功感 （2）表现出调控情绪的意愿与行为 （3）表现出坚强的意志品质 （4）提高预防和消除心理障碍的意识和能力 （5）正确对待性心理变化 （6）发展学习能力
健身法则和方法	（1）健身法则（全面性、个别性、意识性、适应性、长期性） （2）健身方法（重复锻炼法、连续锻炼法、间歇锻炼法、变换锻炼法、巡回锻炼法）	（1）应用科学健身的法则和方法锻炼身体的技能 （2）能结合实际情况设计健身运动处方
评价	（1）健身运动价值阈 （2）自我进行健身效果评价的方法	能对健身活动效果进行评价

（资料来源：邓若锋．高中健身知识技能教材内容的构建［J］．体育学刊，2008（9）：71-74.）

第六章　体质教育流派的教学实验

将健身法则和方法作为教学内容，是健身知识技能教学与运动技术教学的最大区别，其教学最关键的一点就是把健身的法则和方法落实到所有的健身运动中。下面以高一学生进行跳短绳的身体运动为例进行说明。

第一是重复，在健身运动中，多次做同一个动作来增加负荷的方法为重复锻炼法。重复的次数越多，身体对运动反应的负荷量越大。学生在 30 秒内跳绳 80 次是重复，再跳四个 30 秒也是重复，但重复多少次为好，这要根据健身运动负荷价值阈来考虑。如果跳 140~160 次或两个 30 秒能使心率达到 120~140 次/分，则锻炼的重复次数问题就解决了。第二是连续和间歇，在健身运动中，为了保持有价值的负荷量而不断地运动的方法为连续锻炼法，通过减少运动量或停歇来降低运动负荷的方法叫间歇锻炼法。为了在每次锻炼中有 15~25 分钟保持在心率 120~140 次/分的有效健身运动负荷价值阈内，学生要连续跳 5~6 个 30 秒。如果学生的心率超过 140 次/分，就需要进行间歇。第三是变换，在健身运动中，为了促进身体各部位的全面发展，把对身体各部位有不同作用的几个或十几个运动项目搭配起来，从一个变换到另一个，形成一种可影响身体多个部位乃至全身所有部位的方法。例如，跳绳跳四个 30 秒后变换为上举哑铃 25 次，再快速跑 50 米。第四是巡回，是指在身体运动锻炼的过程中，在连续方便的地点设立几个或十几个运动项目的锻炼站，健身者巡回到各站按各自负荷指标连续重复地进行一定次数运动的方法。

在把健身方法落实到所有健身运动中的同时，要与健身的法则相联系。跳绳对学生身体有什么好处？学生在运动中有什么体验？要让学生觉察到健身的效果，这是意识性。跳绳是一种增强体质的健身运动项目，要长期进行才有效，这是长期性。进行跳绳运动时，要由慢到快、由次数少到次数多，不要一开始就进行剧烈运动，这是渐进性。为了使身体全面发展，不仅要进行跳绳运动，还要与其他运动项目搭配起来，这是全面性。每个人的身体情况不同，要根据自己的情况安排运动，这是个别性。

健身知识技能教材内容的构建，让健身知识技能走进体育与健康课程教学课堂，教师在教学中教给学生锻炼身体的原理和运用身体运动技术、营养与卫生措施、生活制度、自然力（空气、阳光和水）、心态调适等健身手段锻炼身体的方法，培养学生健身的意识、健身的能力、健身的习惯，使学生掌握学习健身知识技能的方法，达到增强体质、促进健康的目的。同时，使学生更好地关注自身的身体，在体验健身运动乐趣的过程中体验生命、关爱生命。

三、健身知识技能教学课的类型

(一) 知识主导技能——耐久跑的知识技能教学[①]

耐久跑技术动作比较容易，但形成健身知识技能相对较难，需要较多的相关知识。对此类型运动项目的教学，需要采用"知识主导技能"的方式，其基本教学思路如下。

(1) 在耐久跑教学之初，针对学生对耐久跑认识不够的问题，采用专题讲座（或理论课）的形式，跟学生探讨耐久跑相关知识，让学生对耐久跑的性质、技术要点、技能形成规律、对人的生命发展的意义有一定的了解和认识。

(2) 创设与生命有关的学习情境，让学生利用已有的耐久跑经验和知识，在一定的情境中进行耐久跑的尝试性练习，获取对耐久跑的初步体验。随着身体运动技术练习的深入，将耐久跑锻炼身体的相关知识（营养卫生、生活制度、自然力、心态调等）注入其中，并逐步形成相应的耐久跑健身知识技能。

(3) 将健身方法和法则贯穿于练习之中，经不断的强化使学生形成锻炼身体的健身知识技能，并应用于日常生活的健身之中。向学生进行健身法则的教学，如利用耐久跑来健身需要对其有一定的认识和理解（意识性）；能长期坚持（长期性）；练习负荷量由小到大（渐进性）；需要与营养卫生措施、生活制度、自然力、心态调适等健身手段和其他运动项目相结合（全面性）；针对自身的身体条件与生活学习实情（个别性）进行锻炼，才能收到好的实效。

(二) 技能引导知识——"排球"的知识技能教学[②]

排球的技术动作难度相对较大，学生学习其技术动作花费的时间和精力较多，同时形成排球的健身知识技能也较难，因此对此类型运动的教学，采用"技能引导知识"的方式，在排球技术动作的练习中，寻找与健身方法、法则的串联点。具体如下。

(1) 在排球教学之初，教师主要对学生进行基本技术（垫球、传球等）的教学，此时主要以技术练习为主，让学生有一定的技术基础。

[①] 邓若锋. 健身知识技能教学及操作例析 [J]. 体育教学，2011 (7): 23-24.
[②] 邓若锋. 健身知识技能教学及操作例析 [J]. 体育教学，2011 (7): 23-24.

（2）就某一技术动作的技能导出相应的健身知识。例如，通过正面双手垫球，引出形成正面双手垫球所需的知识，如利用正面双手垫球锻炼身体的健身知识（对身体发展的作用），让学生明确学习此种技术动作对自身生命发展的意义，在此基础上形成相应的排球技术动作技能。

（3）在形成排球技术动作技能过程中，将健身方法和法则贯穿于排球技术动作的练习之中，经不断强化形成利用排球锻炼身体的健身知识技能。例如，通过多次做垫球、传球动作练习来增加负荷的重复锻炼法，重复的次数越多，身体对运动反应的负荷量越大。学生在两分钟内自垫球 100 次是重复，再垫球三个 2 分钟也是重复，但重复多少次为好，要根据健身运动负荷价值阈来考虑。

（三）技能知识并行——"健身操"的知识技能教学[①]

健身操的技术动作难度适中，可采用"技能知识并行"的方式进行，其操作可从两方面来考虑。

（1）健身操技术动作的特点是由重复单个动作、连续多个动作形成一节操，通过一定的间歇变换不同的技术动作连接，形成全面锻炼的巡回练习，在一套健身操中包涵了五种健身方法。在此类身体运动技术的教学中，可随着单个动作教学的进程，将健身方法和法则贯穿其中，经过反复的练习形成健身知识技能。

（2）在健身操技能形成过程中，将相应的健身知识渗透其中，形成利用健身操锻炼身体的健身技能。具体知识点如下。

①用适度的健身操进行健身活动，对于提高心脏功能、增加肺通气量、提高身体有氧代谢能力和机体免疫能力有明显的作用。

②将健身操作为健身手段，能增强体质，使自己的生命向积极健康的状态发展，提升生命的质量。

③在健身操的训练过程中，学生拥有对生命的积极体验，这种体验能真实地将物质生命、精神生命、社会生命融合在一起。

④健身操是一项以有氧运动为主，以健、力、美为特征的身体练习，是融体操、音乐、舞蹈于一体的健身运动手段。

[①]邓若锋. 健身知识技能教学及操作例析［J］. 体育教学，2011（7）：23-24

四、健身知识技能教学的课堂教学操作模式[①]

健身知识技能教学的基本精神是增强人的体质，体现了以人为本、以学生为主体的教育思想。为体现这个教育思想，该实验团队在教学中逐步形成了健身知识技能教学过程，其主体框架如图6-3所示，具体如下。

（1）激情引趣，启动主体。这是教学的第一步，由集中学生的注意力、使主体作好接收信息的准备开始，通过各种趣味性身体活动调动学生的"心"进入学习状态，以小组合作学习的形式进行一般性身体练习，使学生的"身"进入学习状态。

（2）主动探究，发挥主体作用。健身知识技能的学习与其他学科的学习一样，有知识点和技能点的教与学问题，需要学生了解掌握知识技能的过程，使学生学会学习健身知识技能的方法。在学习中，需要培养学生学习健身知识技能的兴趣，发挥学生学习的主体性，让学生主动地探究健身知识技能方法和法则，并运用这些方法和法则进行健身。

（3）体验成功，发展主体。健身知识技能的教学重视学生的个人感受，强调让学生获得成功的体验。学生学习的知识技能达到了一定程度后，在教师的启发下，按照一定要求（按运动处方）进行健身运动。学生运动完毕后，在教师的指示下进行放松活动，感受运动后机体的轻松感。在此，教师要对学生运动中的情况进行评价，其评价是由师生共同完成的。学生体验到健身知识技能学习的成功感，认识到自己应如何在学习知识技能中进行身体锻炼、在锻炼身体中学习知识技能。

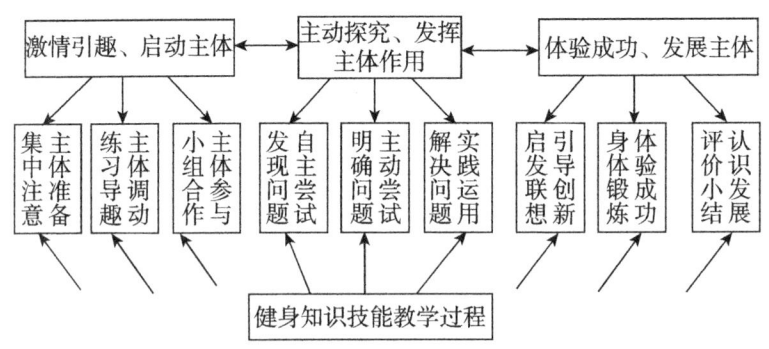

图6-3 健身知识技能教学过程

（资料来源：邓若锋. 健身知识技能教学的实验总结 [J]. 体育学刊，1999（5）：12-19.）

[①]邓若锋. 健身知识技能教学的实验总结 [J]. 体育学刊，1999（5）：12-19.

第七章 体质教育流派的贡献、局限与启示

在特定社会背景、特定历史时空中，任何一项事物无论是有形还是无形，无论是生命还是非生命，均遵循"存在即合理"这一命题。体质教育流派的出现有其特定的历史环境，同时也肩负了特殊的历史使命。当然，随着时代的发展，其历史局限性也开始显现。

第一节 体质教育流派的贡献与局限

一、体质教育流派的贡献

无论是在体育理论界还是在学校体育界，体质教育流派都是一支重要的学术队伍，该流派的学者用自己的思辨和行动为"体质教育"摇旗呐喊。随着时间的推移，虽然老一辈学者渐渐逝去，但是他们的思想影响了一代又一代的后继者。作为一支重要的学术流派，体质教育流派对我国体育事业的发展做出了重大贡献。

（一）体质教育流派为世人澄清了"体育"的真义

体育教育流派为更客观、更理性、更科学地进行体育工作奠定了基础。由于种种历史原因，"体育"一词的含义在我国包罗万象。正是因为对体育的多元化理解，无论是官方还是民间，谈到体育更多是指"竞技"，进而"竞技"成了体育的代名词，出现了搞好竞技工作就是搞好体育工作的错误认识。在此背景下，真正的体育（体质教育、健身教育）不仅被忽略了，还出现了"增强体质过时论""让增强体质从体育中'淡出'"的言论。体质教育流派宣传体育就是体质教育，真切地让我们明白了一个不争的事实：竞技和体育均有各自的规律，应该

按照各自的规律进行，而不应该相互取代。同时，体质教育流派认为"不能拿体质现象当身体的实质"，① 跑得快、跳得高、力量大不一定体质就好，拼搏过力、超极限会使人伤残甚至死亡，让我们走出了"运动就是体育"的误区。

(二) 体质教育流派给我国体育教学留下了不可磨灭的历史贡献

体质教育流派坚持"体育是体质教育""健身是体育的主业"，因此在体育课上提倡通过"测脉搏""测练习密度""绘制心率曲线""课课练"等方式来提高运动的健身效果。直到今天，这些方式方法依然影响着体育教学，尤其是在"增强青少年体质健康"的大背景下，个别内容还有强化之势。例如，首都体育学院李京诚教授牵头立项了中国教育学会体育与卫生分会"十二五"重点课题"中国青少年体能素质'课课练'创新研究"。

(三) 体质教育流派关于"体质教育"的思想和实验为我国解决青少年体质下降问题提供了诸多借鉴

解决青少年体质下降问题已成为我国政府要抓的一件大事，如何抓？用什么方法抓？这需要思考。体质教育流派的理论和实践成果无疑成为我们可以借助的"巨人肩膀"。体质教育流派认为："体质表现出来的现象多种多样，身体的形态、机能、能力都是体质表现出来的现象。体质的某种变化都会以某种相关现象有所表现。虽然现象的表现与体质密切相关，但现象不等于体质。"例如，跑得快的人，不等于体质好；跑不快的人，不等于体质不好。跑得快或慢是一种现象，只是运动能力的一种表现，不能完全代表体能体质。在体质教育流派看来，"培养人们体质变化势态控制的意识和能力，是体育的一项重要任务、中心任务"。这从理论上告诉了我们体育课的核心是什么。

通常我们的体育教学以身体运动为主要手段，从技术到技术。体质教育实验研究则指出，运动不等于健身，只有科学的运动，才能起到增强体质的作用。这里所谓的科学，不仅指正确的动作，还指与之相应的健身方法和健身法则、健身运动最佳负荷价值阈、营养和卫生措施、生活制度、自然力（空气、阳光和水）、心态调适等。体质教育实验让我们了解到，健身课应该是以身体运动为主要手段，将上述健身知识技能贯穿于课堂的教学中，而不是从技术到技术的运动

---

①林笑峰. 健身教育论 [M]. 长春：东北师范大学出版社，2008.

教学。真正的体育课应该处处彰显健身的知识点，这在新时期对我们的教学改革具有重大的借鉴价值。

（四）体质教育流派主张将"健身学"作为身体教育专业的主学科，这有助于完善身体教育专业的学科构建

林笑峰一直认为体育的原理来自健身学，并提倡建立健身学这门学科[①]。他认为："健身学是反映对体质增强过程的认识和实践的基本知识，包括对健身过程的总的认识，以及优生、优育、锻炼、养生等方面。"林笑峰主张将健身学作为身体教育专业的主学科，并认为，若没有将健身学作为专业主课，就不可能有真正增强体质的教育。目前，华南师范大学已将健身学纳入体教专业的主科范畴，进行了先行实践，做出了榜样。

二、体质教育流派的局限

任何一个教育流派都存在局限性，体质教育流派也不例外。这种局限性主要体现在以下两个方面。

（1）体质教育流派强调体育健身的一面，却忽视了体育娱心的一面。似乎在健身中不需要快乐，只是为了增强体质。于是，出现了教师不愿教、学生不愿练的问题。

（2）体质教育流派的一个主流观点是绝大多数的竞技运动不能作为体育的手段。那么有人会问，体育课不教竞技运动教什么？事实上，篮球、排球、足球等只是一种身体运动形式而已，尽管发明人是出于娱乐、游戏的目的，而不是出于健身的目的，但这并不能否定它们的健身价值。其实，我们用于健身的运动形式有相当一部分在起源时也不是出于健身的目的。跑步能健身，源于生存需要；踢毽球能健身，源于儿童游戏。我们现在需要让学生在学习篮球、排球、足球的过程中获得更多的健身知识点，而不是从技术到技术。

"从技术到技术""从运动到运动"是我国体育课的典型特征，但这些技术、运动究竟能不能健身、在什么情况下能健身，我们则很少考虑，因为我们的前提假设是"运动能健身""技术能健身"。其实，"从技术到技术""从运动到运动"本身没有错，只是我们将这些当成了体育的全部，忽略了应该有的健身

[①] 林笑峰. 健身教育论 [M]. 长春：东北师范大学出版社，2008.

原则、健身方法、健身运动最佳负荷价值阈、营养和卫生措施、生活制度、自然力（空气、阳光和水）、心态调适等健身知识。"少年强则国强"，面对青少年体质健康困境，体质教育流派倡导的"健身课"必将成为体育课改的一股新鲜血液。如何将技术学习、运动和健身知识点相融合，则会成为我们研究的新主攻方向。

第二节 体质教育流派的启示

多年来，体质教育流派学者从未间断对"如何增强体质"的思考，尽管实验中困难重重、问题不断，体质教育流派学者在不断实验摸索中取得的成果，还是对当今体育教学改革具有重要的启示。

一、改变"运动能健身"的思想，树立"科学运动健身"的观念

"运动能健身"的思想在民间和广大体育工作者心中早已根深蒂固。然而，当一些运动员伤痕累累，一些孩子运动了但体质未得到增强，有时还受伤，甚至猝死时，我们不得不重新思考"运动能健身"这一命题。陈智寿曾是一名体操运动员，一贯主张"体育即运动，运动技术水平高，身体自然就会好"，也曾以纯技术观点教育学生，但在运动中多次受伤后，他反问自己："这是体育吗?"林笑峰说："只是身体活动并不重要，重要的在于作用多少力量，在于运动给身体的作用。假如你的目的不是表演、不是击败别人，而是增强你的体质，那么你的注意力就不要放在外表的效果上，而要放在体内机能的增强上。"[1] 很显然，体育的首要目的是增强体质、增进健康，但不是运动了就一定能增强体质，这里要加一个限定词"科学的"。所谓"科学运动"包括了与有效增强体质相联系的多个方面，如动作的正确性，运动时间、次数、强度的合理性，运动的全面性，运动的有效性等。因此，多年来体质教育流派在思考和实验中，逐渐认识到只有科学的运动才能起到健身的效果，这也是该流派在长期实验中所秉承的基本理念。因此，体育教学的定位不能只是让学生"运动"，而是让学生明白什么是科学的运动，并能够自主进行科学的运动。

---

[1]林笑峰．健身教育论［M］．长春：东北师范大学出版社，2008.

二、健身课的重点要放在学生独立锻炼能力的培养上

20世纪80年代以来，技术课俨然成为体育课的代名词。以传承运动文化为主旨的技术课对于提高学生运动兴趣、提升学生运动参与度、学生运动技能的形成的重要性不言而喻。但是，在以往的体育教学中，学生增强体质所需的健身文化（体能锻炼知识与方法）是严重缺失的，这种缺失必然导致学生运动科学性的下降。因此，在目前的体育教学中，除"技术课"外，还需要"健身课"的有益补充。其实，在20世纪80年代徐英超就提出应该"在教育制度体育必修课中取消大杂烩的用体育之名的运动课，开增强体质的健身课"。当然，这种完全排除技术课的主张有失偏颇，但主张开设健身课的想法是值得提倡的。多年来，体质教育的教学实验始终围绕"健身课"进行，积累了很多启示和经验。例如，将增强体质的方法（负荷、重复、间歇、连续、变换、巡回）和法则（全面性、个别性、适应性、意识性、长期性）纳入教学内容，倡导体验性学习方式，特别强调对学生独立锻炼能力的培养。这些都将成为我们研究"健身课"的基础。

三、课外体育的"课程化"和课内外体育的"整体化"

在以"健身"为主题的教学实验中，体质教育学者高度重视课外体育的"课程化"和课内外体育的"整体化"问题，并将其作为提高健身课教学效果的关键。例如，徐英超在实验中提倡每周六节体育课，除法定的"两课外"，还要将"两活动"和部分"课间操"纳入课程范畴。无独有偶，曲宗湖在实验中也将法定的"两课、两操、两活动"改为"四课、两早操、每天课间锻炼"。"四课"是指把每周两节体育课和两次课外活动都作为正课列入课表内。李兴文在实验中也强调把每周两次课外体育活动列入课表。除"课程化"外，体质教育实验还高度重视"整体化"问题。例如，陈智寿在实验中强调"课内外工作和目标一致"；徐英超、曲宗湖在课外体育"课程化"的基础上，分别采用"一节教学、二节复习、三节提高"和"新授课、复习课、竞赛游戏课、锻炼课"等形式，将体育课和课外体育活动从内容到目标进行了统一。

四、将锻炼的方法和法则明确作为教材教给学生

体质教育流派用长期的教育实验证明，"锻炼方法"是运动健身科学性的基

础，它不仅应该以"方法"的身份贯穿于运动教学的始终，还必须作为重要的教材来传授，让学生了解并能够科学运用"负荷、重复、间歇、连续、变换、巡回"等锻炼方法，以及"全面性、个别性、适应性、意识性、长期性"等锻炼法则。在体育教学中，我们可能在课练等体能练习环节中采用了锻炼方法，但是还没有将其作为教学内容明确地教给学生。这样的结果是，让学生练了，但学生不知道练的缘由和道理，实质上对提高学生的健身意识和健身能力没有好处。体质教育流派认为，应将锻炼方法和法则贯穿于身体运动中，让学生体验、感受运动的好处；或者明确将其作为教学内容结合实际锻炼向学生进行讲解，最终目的是让学生意识到锻炼方法和法则的存在并进行应用。那么，如何将锻炼的方法和法则作为教材教给学生？通过一种什么样的形式来教？这是体育教学工作者须认真研究的课题。

五、体育教学应尝试让学生进行体验学习

体验学习是指人在实践活动过程中，通过反复观察、实践、练习，对情感、行为、事物的内省体察，最终认识到某些可以言说或未必能够言说的知识，掌握某些技能，养成某些行为习惯，乃至形成某些情感、态度、观念。体验性学习强调"实践体验、总结反思、指导实践"。体质教育流派认为，在健身教学中，教师应该引导创设与生命相关的学习情境，让学生在自主的学习活动中，认同学习内容、体验学习过程、领悟学习要点。学生在以"生命体验"为核心的体验性学习过程中，认识和理解健身知识技能的性质和作用，明确健身知识技能在"生命发展和完善"过程中的特殊意义，并在健身知识技能的学习中形成良好的体验、达到学习的目的。从本质上讲，无论是运动教学还是健身教学，如果追求教学质量，则都应该以体验性学习方式为主，因为这与技能学习规律不谋而合。

第八章 后续研究

目前，体质教育流派创始人、领军人及应援者，或相继离世，或年事已高。本书对体质教育流派的研究就是对该群体的研究。因此，本书采用的研究资料时间段大都在 20 世纪 70 年代至 21 世纪初——体质教育流派各学者研究的鼎盛期。

进入 21 世纪后，随着我国义务教育和高中体育与健康课程标准的颁布、修订，体质教育也日渐成为广大学者研究的内容。尽管这些学者同体质教育流派无太多联系，但是他们关注的问题是体质教育流派曾经高度关注的内容。因此，为了体现研究的连贯性，本章主要对体质教育和真义体育的后续研究进行介绍。

第一节 关于体质教育的后续研究

进入 21 世纪，学界对"体质教育"一直保持关注，这种关注主要表现在两个方面：对体质教育理论的梳理、反思；进行体质教育教学改革实验。

一、对体质教育理论的梳理、反思

体质教育理论自提出以来，饱受学界争议，这种争议的根源一方面在于体质教育基于我国国情，一针见血地指出了我国体育最应该重视的是体质，这一观点因切中问题要害而让人精神振奋；另一方面在于手段与兴趣、体质目标和其他目标的矛盾一直无法调和，这让人在实践中无从下手。进入 21 世纪，一些学者对体质教育进行了重新反思，真切地看到了体质教育理论存在的问题，并对其完善提出了中肯的建议。

卢忠谨和邵华[①]在回看体质教育思想时,总结出体质教育的以下几个特点:教学内容提倡"宜少宜简";教学练习方法推崇"循环练习法"(追求大运动负荷);主张将教与学的方式扩展为教、学、练;主张"课课练"(追求大运动负荷);在教学组织方面讲究运用"超量负荷原理"对运动负荷进行科学控制,辅助教学手段重视脉搏测定。然而,体质教育论的这些主张在付诸实践时,产生了很多困惑,如教学内容强调"宜少宜简",在客观上将增强体质与传授运动技术、传播体育文化对立起来。教学负荷一味强调大运动量,在客观上使教学难以兼顾传播体育文化等其他目标、发展的要求,难以给其他发展要求以更多的时间和空间。另外,与内容的单调和大运动量相伴的强制性,在客观上对学生的学习兴趣有不利的影响等。

为什么体质教育会存在理论顺畅、实践中困难重重的局面呢?一些学者就此问题给予了新的补充。王水泉等[②]认为,体质教育应该把"运动技能"(Motor Skill)纳入身体教育体系,应该关注从身体的意识及感觉感知方面重新理解身体教育。在体质课上,最应该做的是教师通过适当的(运动)教材,促使学生通过自己的身体运动感觉感知自己的身体状况,进而使学生有可能意识到用运动方法来改善自己体质的重要性。对维持、增强体质的方法的教授与学习,要以此为前提。彭小伟和杨国庆[③]也从中层理论视角对体质教育进行了审思,认为体质教育的最大问题在于从"体育应是身体教育"这一宏观层面,根据"目的手段一致性"原则直接连接到体质教育的实践形式这一微观层面,缺少体质教育的中间层面理论,即缺少对青少年体育健身规律、机制等的研究。如果想要加强体质教育流派的中层理论建设,则需要重点发展、完善三方面理论:第一,充分揭示青少年体育健身的生理学机制;第二,充分揭示体育锻炼习惯的养成机制;第三,充分揭示体育健身能力的培养机制。

在对体质教育论进行补充性思考的同时,也有学者对体质教育思想进行历史梳理,深刻分析其时代价值。张连磊等[④]通过对体质教育思想演变历程的分析,认为体质教育思想的当代价值主要体现在以下方面:为科学增强学生体质提供相

[①]卢忠谨,邵华.关于"体质教育"思想实践的特点与反思[J].北京体育大学学报,2000(1):95-97.
[②]王水泉,辛志友,李海燕.辨析"体质教育论"——兼论"身体教育"的发展[J].体育与科学,2009(3):97-100.
[③]彭小伟,杨国庆.体质教育流派审思——基于中层理论视角的分析[J].沈阳体育学院学报,2016(5):88-92.
[④]张连磊,梁诚,孙国涛.体质教育思想的演变及当代价值[J].体育文化导刊,2021(8):103-109.

关理论依据；为准确有效地提升学生体质健康水平提供针对性方案；有助于学生身体素养的培育与养成。邵天逸等[①]认为体质教育思想发展经历了从"概念反思"到"话语重塑"再到"学科创建"的思维转变，该思想源于体育家对体育教育本体价值的反思，其本质追求是分离体育与竞技概念及探索体育之真义。在新时代背景下，体质教育思想的价值体现为：体质教育与"健康第一"理念的健康追求互为呼应，与体育学科素养的健身意识互为契合，与学校健康教育的内容体系互为补充。

在学者们对体质教育论进行梳理、反思的同时，也有学者对体质教育流派的创始人徐英超的体质教育思想进行了专门研究。邵天逸和李启迪[②]认为，徐英超体质教育思想的成因在于反思体育的概念，其内在逻辑包含三个方面：体育教学的视点应从技术传习回归身体教育；实证调研是揭示与掌握体质变化规律的关键；良好的心态与生活方式是促进体质健康的外部保障。徐英超体质教育思想带来的启示是：应该正视增强体质与技术教学之关系，参考体测结果，调整体育教学方向，构建面向生活的体育健康教育观。郭秀文等[③]对徐英超体质教育理论的系统构建进行了深入分析，认为徐英超体质教育理论构成的三大要素是体质教育思想、体质教育实践和体质教育制度规范，这三大要素也是徐英超体质教育理论构建的三个环节，而这三个环节之间内在具有"互生"的逻辑关系。简言之，体质教育实践构成了体质教育思想的直接渊源，其体质教育思想又对实践产生直接指导作用。思想为实践提供明确方向，实践规范的构建为思想的展开和深化提供了边界和限度。体质教育思想、体质教育实践和体质教育制度规范三者之间的"互生"构成了体质教育理论的内在动力（图8-1）。

---

① 邵天逸，王倩，吴勉，等. 体质教育思想脉络梳理、问题廓清与价值确认 [J]. 体育学刊，2023 (1)：7-13.
② 邵天逸，李启迪. 身体关怀：徐英超体质教育思想的形成动因内在逻辑与当代启示 [J]. 沈阳体育学院学报，2020 (3)：23-28.
③ 郭秀文，梁诚，张连磊. 徐英超体质教育思想与理论体系的再审思 [J]. 北京体育大学学报，2020 (7)：135-144.

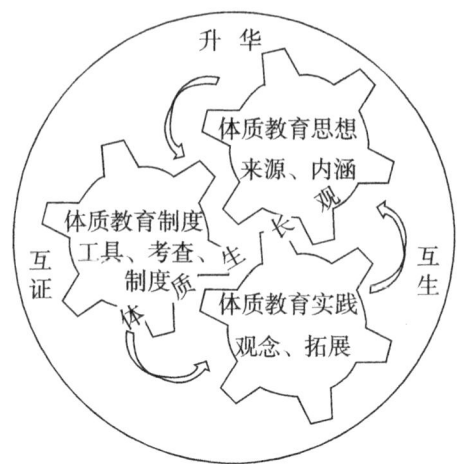

图 8-1 徐英超体质教育理论框架

二、体质教育教学改革实验

进入 21 世纪，随着国家对学生体质健康的高度关注，一些学者相继进行了体质教育的教学实践。这里我们重点介绍杨文轩[①]于 2000 年在华南师范大学进行的健身运动处方教学实验，以及丁剑翘等[②]等于 2014 年在山西大同大学进行的体质教育教学实验。

（一）杨文轩健身运动处方教学实验

1. 教学实验背景

20 世纪 50 年代，美国生理学家卡波维奇（Kapovich）通过研究指出，人们在身体锻炼时应对运动项目、内容、方法科学地选择，这样才能取得良好的锻炼效果，并提出"健身运动处方"这个概念。健身运动处方是以增强体质、促进身心健康为主要目标，针对个人身体状况制订的运动锻炼方案，就像医生给病人看病开处方一样。健身运动处方包括对健身内容和锻炼方法的选择，运动中身体活动的负荷强度和运动频度、锻炼时间的把握及自我医务监督等，健身运动处

---

①杨文轩. 大学生健身运动处方的实用性研究 [J]. 体育学刊，2000（4）：1-6.
②丁剑翘，郭永，冯青山，等. 高校"体质"教育教学改革研究——以山西省大同大学为例 [J]. 中国学校体育，2015（7）：47-52.

对锻炼者的锻炼具有很强的科学性、针对性和可操作性。

2. 教学实验设计

（1）实验目的。

①通过在高校体育课和课外体育活动中运用健身运动处方的实验研究，探讨不同年龄、不同性别的学生实施健身运动处方锻炼的效果。

②通过健身运动处方教学模式在高校体育课及课外体育活动的应用，培养学生对体育的兴趣与终身参与体育锻炼的意识，使学生掌握正确的锻炼方法与运动技能，提高学生自主锻炼的能力，使学生养成经常参加运动健身的习惯。

（2）实验对象与时间。

①实验对象。华南师范大学 98 级外语系（一年级上普通体育课）实验班有 37 人，对照班有 34 人，全部为女生；97 级中文系（二年级上选项体育课），实验班有男生 13 名、女生 18 名，共 31 人，对照班有男生 11 名、女生 21 名，共 32 人。其中，实验班按健身运动处方教学模式上课，对照班按常规教学模式上课。

②实验步骤。实验分阶段进行，在实验前、后分别进行运动能力、体质、生理、心理等指标的测试。具体步骤如下。

运动能力测试：沿用全国大学生运动能力测试内容，包括 50 米、800 米（女）、1000 米（男）、立定跳远、仰卧起坐（女）、引体向上（男）、铅球（或实心球）等。

体质测试：按中国成年人体质测定标准中统一规定的方法进行测试。测试指标有心肺功能（血压、肺活量）、肌肉力量（握力、纵跳、仰卧起坐）、无氧耐力(4×10米往返跑)、有氧耐力（台阶实验）、柔韧性（坐位体前屈）及皮脂厚度。

实验室条件下人体生理机能测试：在实验室条件下，采用评定心肺功能的有效指标，如最大吸氧量、通气阈，结合体质测试，能科学、客观地反映身体机能的变化。具体操作办法如下：将按上述两种不同教学模式上课的学生进行随机分组，98 级外语系实验班有 10 名女生、对照班有 10 名女生；97 级中文系实验班有 10 名男生、10 名女生，对照班有 9 名男生、11 名女生。总数为实验班有男生 10 名、女生 20 名，共 30 名；对照班有男生 9 名、女生 21 名，共 60 名。受试者在体质机能测试 3 天后进行最大吸氧量、通气阈的测试。

两次测试时间与上述测试同期完成。本实验通过活动跑台，按 Astrand – Ryhmin 列线图法进行测试。

最大吸氧量的判定：呼吸商在 1.10 以上；心率超过 180 次/分；吸氧量出现平台。通气阈按照戴维斯（Davis）的方法确定。

心理测试：根据《中国心理卫生杂志》中的"体育运动情绪"内容进行测试，包括躯体化（Somatization）、强迫症（Obsessivec compulsive disorder）、人际关系敏感（Interpersonal Sensitivity）、抑郁（Depression）、焦虑（Anxiety）、敌对性（Hostility）、恐怖（Phobic Anxiety）、偏执（Paranoidideation）和精神病症状（Psychotism）等症状群。

（3）实验的组织。

①实验实施阶段。整个健身运动处方的实施分三个阶段，具体如下。

第一阶段，1998 年 11—12 月，从第 10 周到 18 周（共 9 周时间），实施第一套健身运动处方，其内容结合常规教学教材内容（跳远），以发展弹跳力和耐力素质为主，着重提高心血管功能。

98 级外语系对照班按常规教学模式进行教学，98 级实验班（普通体育课）的健身运动处方教材见表 8-1。97 级中文系对照班篮球选项课按常规教学模式进行教学。97 级中文系实验班篮球选项课的健身运动处方教学内容，与篮球选项课的教材相结合，以健身运动处方模式进行教学实践。

表 8-1　98 级外语系实验班（普通体育课）第一套健身运动处方（1998 年 11-12 月）

健身运动处方教材内容	运动负荷（RM）	强度（VO_{2max}）	时间（分钟）	心率（次/分）平均	心率（次/分）最高	组织形式
一、1. 第八套广播体操	1	30	6	100	120	集体与分组、个人同伴相结合
2. 定位徒手操——关节操	1	30~40	4			
二、1. 教材内容：普通教材教学——跳远 健身教材教学——各种跳跃类健身运动，发展弹跳力和跳跃能力，提高身体活动的持久力	6~8	60~80	45	140	180	
（1）单双腿交换跳、多级跳、跨步跳	4~6					
（2）蛙跳	3~4					

续表

健身运动处方教材内容	运动负荷（RM）	强度（VO_{2max}）	时间（分钟）	心率（次/分）平均	心率（次/分）最高	组织形式
（3）纵跳摸高	3~4					
（4）单双腿跳台阶	3~4					
（5）立定跳、多级跳板	4~5					
（6）各种跳跃的教材教法教学	8~10					
（7）各种跑的专门性锻炼	4~5					
2. 健身素质内容：各种有氧代谢耐力锻炼与有氧健身跑、健身房有氧负重锻炼等	6~8	40~60	10~15	120	150	
3. 活动性游戏与放松整理锻炼	2	40	5~10	100	120	
4. 理论：健身专题讲座：体育概念、高校体育的目的与任务、体育运动锻炼与健身的作用						

第二阶段，1999年3—4月，从第二学期第1周到第9周（共9周时间），实施第二套健身运动处方，其内容结合常规教学教材内容（排球）实际，以发展学生力量、速度、灵敏和耐力素质为主，提高学生力量、耐力与反应素质。

第三阶段，1999年5—6月，从第二学期第10周到第18周（共9周时间），实施第三套健身运动处方，根据前阶段的实践，结合常规教学教材（跨栏）实际，以发展学生力量、速度、耐力素质为主，提高学生力量、耐力和心血管与身体协调发展素质。对于97级中文系实验班健身运动处方以篮球专项为主，进行健身运动处方的设计与实施。

②实施要求。

a. 体现个性，强调区别对待。

在实验过程中，对不同学生个体采取不一样的方式，以运动强度和负荷量的不同来区别对待。对待个别特殊的学生，健身运动处方的内容与锻炼的负荷量可以有所区别。实验班分别以运动能力和生理指标相对接近的学生组成健身小组（8~10人）和健身伙伴（2~4人），以方便健身运动处方教学和课外健身活动实践的组织与实施。

实验班教师以健身运动处方教学模式进行教学，遵循健身运动的法则、方法。根据学生运动能力与健康测试、生理测试指标的具体情况进行初步诊断与评价，开出健康诊断意见和健身运动处方，使学生了解自己的身体健康状况及教师对其身体锻炼和健身运动的诊断意见，并根据健身运动处方教学模式开展课堂教学实践和课外身体锻炼活动。

b. 掌握合理的健身运动负荷。

在健身中，如何掌握适量的负荷？不少学者认为，评价身体锻炼的负荷指标为心率120~140次/分，并以此作为健身运动的最佳负荷价值阈。也有学者认为健身运动的运动强度可以达到运动后"心率+年龄=170次/分"。林笑峰认为，每次课时可以安排15~20分钟让学生在心率为120~140次/分的最佳运动负荷阈内进行身体锻炼，可获得良好的健身效果。根据这一原则，在健身运动处方教学过程中，学生在教师的指导下，正确地把握最佳负荷价值阈；教师结合锻炼的密度、强度与间歇时间，综合地评价与监督体育课运动负荷量，并不刻意地追求运动技能技巧的掌握程度，而是要求有效地增强学生体质、促进学生身心健康。

c. 因地制宜，从实际出发。

实验力求充分体现与突出华南师范大学师范性的特点和"高质轻负"的原则，在努力突破当前高校普通体育教学模式的基础上，创建一条全新的、有特色和师范特点的健身运动处方教学新路子。因此，在健身运动处方教材内容的选择上，既兼容了普通高校体育教材内容，又着重突出了健身——运动能力的教材内容，还强调理论知识的掌握和健身方法的指导。

d. 课内课外相结合。

实验班每周按健身运动处方教学模式教学两个课时（80分钟），对照班按常规教学模式进行教学。按"高等学校大学生体育暂行规定"要求，实验对象每周进行2~3次的课外体育活动，每次30~60分钟。强调课堂内外相结合。从第二阶段开始（第二学期开始），实验班每周有一次由教师参加和组织实施的健身活动，以便教师了解和帮助学生有效地进行课外锻炼，达到课内课外相结合的目的。

（4）实验课的教材选择及分配。

健身运动处方的设计包括运动项目的选择、运动负荷的安排、教法的运用，着重突出健身性、科学性，保证实用与实效性，结合知识性与趣味性，将健身运动处方与运动康复、医疗保健性质的运动处方区别开来。

98级外语系实验班（普通体育课）的健身运动处方教材内容主要包括三大类：一是运动教材健身类（主要包括跳跃、跨栏跑、短跑、中长跑、排球、游泳等）；二是运动能力健身类（主要包括速度、耐力、力量、跳跃、柔韧、灵敏及游戏娱乐性活动等）；三是体育健身理论类（主要包括高校体育的目的与任务、身体锻炼对人体的作用、身体锻炼、体质与评价等）。

98级外语系实验班（普通体育课）教材大纲及课时安排如下：理论（包括理论考试）10个课时，占20%；健身实践部分（包括各种教材内容）40个课时，占80%。97级中文系实验班（篮球选项课）教材内容与篮球选项课的教学内容相结合。

3. 教学实验的效果

（1）学生运动能力和体育课成绩有明显提高。

实验团队对98级外语系实验班学生的五项素质实验前后测试表明，学生的50米跑、掷球和仰卧起坐三项运动能力有了非常显著的变化，这说明学生的速度、弹跳力和腹部力量有很大的提高，但持久力和爆发力提高不大。分析其原因如下：一方面，在健身运动处方教学中关于力量和持久力素质的内容安排较少，教学实践中锻炼不多；另一方面，从生理和心理视角分析，女性的力量和持久力比较差，在实践中锻炼这两项素质的积极性相对较低。

97级中文系实验班男女生运动能力普遍有较大的提高，其中男生的各项运动能力在实验前后变化明显，速度素质进步更大；女生除力量素质外，耐力、速度、弹跳素质都有明显提高。究其原因如下：一是选项课是学生自己选择的感兴趣的项目，因而锻炼的主动性和积极性较高；二是由于体育选项课（篮球）以跑动、跳跃动作为主，教学中运动量的调控是以健身运动处方模式进行的，因此锻炼的科学性与针对性较强。同时，篮球运动是一项要求身体各方面素质、能力全面协调发展的项目，其教学与锻炼的过程也是一个不断提高协调耦合能力的过程。

从98级外语系实验班学生体育课第一学期和第二学期考试成绩统计分析可以看出，第一学期平均成绩为67.55分，第二学期平均成绩为84.60分。体育课的平均考试成绩提高了17.05分。学生体育课成绩的变化，一方面说明学生体质增强和运动能力提高，另一方面说明学生的体育理论知识水平有很大的提高。

（2）学生的体质明显增强。

从98级外语系实验班学生体质前后测试的结果可以看出，学生的体质明显增强，经体育统计分析，呈非常显著的变化。实验前，体质测试统计结果显示，达到优秀分数的学生有 10 人，占 27%，达到良好分数的有 13 人，占 35%，达到合格分数的有 4 人，占 38%；实验后的测试统计结果，达到优秀的学生提高到 22 人，占 63.2%，达到良好的有 10 人，占 27.8%，达到合格的有 5 人，占 9%，学生的优秀率提高很多。由此可见，学生的体质在实验前后变化较大，这说明健身运动处方教学模式对提高学生的运动能力有明显的效果。

97 级中文系实验班男女生较对照班的男女生各项运动能力提高较大，男生的上肢力量和弹跳力较对照班有非常显著性差异（$P<0.01$），耐力素质呈显著性差异（$P<0.05$），速度素质变化不明显。原因是因为传统体育课教学只注重技术技能的掌握与培养，突出竞技性；而健身运动处方教学的实施则针对个人特点，以增强学生体质、促进学生身心健康发展为主要目标。在课堂教学中，身体活动的负荷强度、锻炼时间长短和运动频率等都有很强的针对性，因而在速度素质的提高幅度不大。

（3）学生生理机能得到改善。

在生理机能方面，女子实验班与对照班第 1、2 次测试的结果显示，收缩压和舒张压均无明显差异，与全国大学生相比处同一正常水平。女子实验班的纵向比较显示，有明显的下降（110.31mmHg vs 103.1mmHg，69.82mmHg vs 64.29mmHg，$P<0.05$）。男子组实验班与对照组及实验班纵向比较的结果，收缩压和舒张压均无明显差异，与全国大学生相比较处同一正常水平。

女子实验班与对照组第 1、2 次测试的结果显示，血红蛋白、白细、红细胞、血小板等指标均无明显差异。女子实验班的纵向比较显示，除红细胞、血小板外，其他各项指标均有明显的增加（HGB：8g/mL vs 11.4g/mL，WBC：7.63eg/L vs 10.50eg/L，$P<0.05$）。男子组实验班与对照组及实验班纵向比较的结果显示，各项指标均无显著差异。

通过半年大学生健身运动处方的实施，由测试的结果可以看到，健身运动处方对于心血管系统、呼吸系统有一定的改善作用，特别是对力量、速度及柔韧性有明显的提高作用。女子实验班第 2 次测试中的结果显示，纵跳、仰卧起坐、4×10 米往返跑 3 个项目的提高，反映了腿部和腹部肌肉力量、无氧速度的提高。在女子实验班自身的纵向对比中，坐位体前屈、仰卧起坐、4×10 米往返跑也均有显著性差异，更进一步地说明了健身运动处方对女生的力量及无氧速度的提高有一定的作用。健身运动处方对于男生力量的提升有一定的作用。身体机能的测试指标只能从力量、速度等方面来反映身体机能水平,而从有氧耐力方面则看不出健身运动处方的作用,可能由于健身运动处方实施的时间较短,只有半年的时间。因为有氧耐力受遗传因素的影响,所以通过运动训练很难提高这项指标。

最大吸氧量是反映人体最大的有氧能力的指标,而通气阈值则反映人体利用自身最大吸氧量的能力。经测试发现,大学一年级和二年级的女生在第1次测试中,最大摄氧量(VO_{2max})、最大通气量(VE_{max})均无明显差异,而第2次测试的结果显示,二年级实验组与对照组各项指标均无差异。女子一年级实验班与对照组相比较(图8-2),VO_{2max}为2374.5 mL/l 和2092.38 mL/l,明显提高($P<0.05$)。同时实验班通气阀VT出现的时间与对照组相比较显著性提高(7.33min vs 6min,$p<0.05$)。男子第二次测试的结果VO_{2max}没有明显差异,但是持续的时间及VT出现的时间有显著性差异($p<0.05$,$p<0.05$)(图8-3)男女实验班测试的结果表明,健身运动处方对女子组的有氧耐力的提高具有明显的作用,而对于男子的VO_{2max}并没有明显的提高。

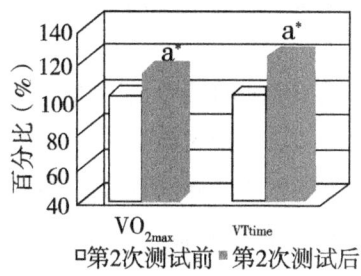 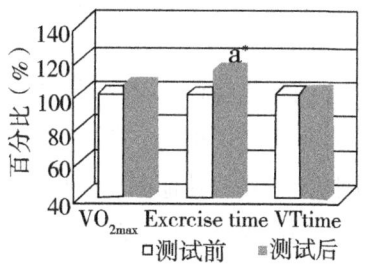

图8-2 测试前后VO_{2max}和VTtime的变化(女子一年级试验组 a:测试前后 * $P<0.05$)

图8-3 测试前后VO_{2max}、Exercise time 和VTtime的变化(男子实验组 a:测试前后 * $P<0.05$)

可见,经过半年健身运动处方的实施,受试者改善了体质机能。通过柔韧、力量、速度及运动能力的测试发现其结果是一致的。女子二年级实验组健身运动处方的实施,不仅改善了上述各指标,还改善了心肺功能,即呼吸、循环系统得到了改善。提高了有氧耐力,主要体现在VO_{2max}提高了19.5%(2.05±0.26L/min vs 2.44±0.44L/min),见图8-4。

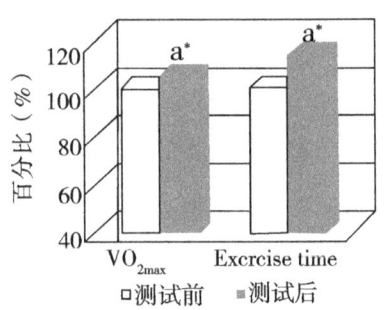

图 8-4 实验前后 VO_{2max} 和 Exercise time 的变化

(女子 2 年级实验组 a：测试前后 * $p < 0.05$)

(4) 学生心理素质提高。

测试结果（表 8-2）显示，经过 5 个月的健身运动处方锻炼，实验班各因子得分均有所下降，且人际关系、焦虑、偏执因子得分明显下降。与实验前相比有显著性差异，除恐怖因子外，各因子得分均低于对照组，其中人际关系和偏执因子存在显著性差异。这说明健身运动处方的实施，对学生的心理健康有一定效果。

与全国师范院校大学生对比的结果表明，选项课实验班经过实施处方后，心理健康水平得到了提高，各因子得分均低于全国师范院校大学生平均水平，除敌对和偏执因子外，其他因子表现出显著性和非常显著性差异。普通体育课实验班学生与全国师范院校大学生相比较，各因子得分有高有低，未表现出显著性差异。

表 8-2 实验对象实验前后 SCL-90 量表因子均分比较

因子项目	普通体育课运动处方组				体育选项课运动处方组			
	实验前 X	($N=35$) SD	实验后 X	($N=37$) SD	实验前 X	($N=33$) SD	实验后 X	($N=32$) SD
躯体化	1.44	0.32	1.39	0.50	1.36	0.44	1.24	0.28
强迫	2.07	0.56	1.87	0.60	1.69	0.56	1.60	0.35
人际关系	1.98	0.54	1.72	0.53*	1.74	0.40	1.64	0.49
抑郁	1.72	0.54	1.69	0.63	1.57	0.55	1.51	0.30
焦虑	1.76	0.51	1.52	0.43*	1.48	0.46	1.43	0.36

续表

因子项目	普通体育课运动处方组				体育选项课运动处方组			
	实验前 X	(N=35) SD	实验后 X	(N=37) SD	实验前 X	(N=33) SD	实验后 X	(N=32) SD
敌对	1.62	0.52	1.51	0.48	1.56	0.59	1.61	0.57
恐怖	1.54	0.36	1.47	0.41	1.33	0.42	1.26	0.23
偏执	1.68	0.50	1.45	0.37*	1.55	0.50	1.61	0.48
精神病性	1.56	0.48	1.49	0.39	1.49	0.49	1.41	0.24

注：*：$P<0.05$

（二）丁剑翘山西大同体质教育教学实验

1. 实验对象与内容

在2014年度开设体育课的大学1~3年级学生的课堂教学中，将"20分钟跑"和"八段锦"两个项目作为必考项目，在全校范围内推广，并要求每位教师严格按照实施办法进行教学和考核；然后将修订前2013年度和修订后2014年度的《国家学生体质健康标准》测试数据进行对比分析，其中2013年度采集了26246名学生的数据，2014年度采集了25522名学生的数据（由于存在学生请假、休学等情况，部分学生数据缺失）。

2. 实施方法

（1）"20分钟跑"的实施方法。

"20分钟跑"在教学方法和传统教学方法中有本质的不同，具体如下：①"20分钟跑"融入日常教学课中，成为学生日常训练的内容之一；②在长跑过程中，对学生没有速度和距离要求，跑步节奏的快慢完全由学生自己依照能力而定，只把20分钟这一时间线作为唯一标准；③学生每学年参加体育考试前必须参与"20分钟"跑的测试，不计时，只有"完成"和"未完成"两个标准，完成"20分钟跑"才能参加其他项目的考试；④为了避免学生将"20分钟跑"看作一次测试，禁止教师用秒表等设备计时，以避免给学生带来心理上的压力，在"20分钟跑"的全过程中力求给学生创造一个宽松的自我积极体验氛围，引导学生体会跑步带来的主观感受。

(2) 八段锦的实施方法。

八段锦作为体育教学改革的亮点，教学实践突出了以下三个方面：①八段锦作为中国传统养生项目，流露着浓浓的文化的气息，在全校范围内推广八段锦，面对的首要问题是师资的不足。因此，学校要将师资培训作为第一步，利用假期时间，派出武术教研室的教师去各地考察学习八段锦，在开课前一个学期，由武术教研室教师组织体育学院的每一名教师利用每个星期的集体备课时间习练八段锦，通过反复观看录像，进行八段锦的理论学习，通过竞赛的形式检验教师八段锦学习的成果。②在八段锦的教学中，为了避免出现八段锦操化的现象，要求教师严格按照八段锦传统的传习方式授课，不强调动作的"形似"，而是要求"神似"，这种学习方向的转变会带给学生耳目一新的感觉。此外，在教学中强调自我的感受、正确的呼吸方式、正确的身体幅度，在习练过程中要求注意力高度集中于身体的呼吸和动作，强调"身和心"的统一。在校园内，利用"校园文化节"组织各类中国传统文化讲座，在八段锦的教学中融入儒家和道家理念，在浓郁的传统文化氛围中激发学生学习的兴趣。③将八段锦作为毕业生体育考核的重要内容，这看似有一定的强制性，但是从习惯的养成角度来看，当内力不足时，就需要借助外力的作用，教育者的责任促使教师必须充分发挥这种外力的作用；而作为大学生，成熟的思维已然形成，当学习的热情一旦被激发，外力对他们而言只是一种积极的教学手段。

3. 教学实验结果

(1) 身体形态指标。

表8-3中的统计数据显示，2014年度学生的身体形态指标——体重的及格人数较2013年度有明显增加。通过卡方检验发现，自由度为1，$\chi^2 = 3875.30$，$P<0.01$，具有显著性差异。由此可见，以"20分钟跑"和"八段锦"为内容的体育教学对改变学生的身体形态有一定作用，提高了"体重"这一身体形态指标的及格率。

表8-3 身体形态指标对比

年份	性别	体重 及格人数/人	及格率/%
2013年	男 女	8392 12595	80.0
2014年	男 女	1068 14174	97.4

(2) 生理指标。

统计数据显示，学生肺活量指标的及格率有了较大幅度的提高（表8-4）。通过卡方检验发现，自由度为1，$X^2=7267.94$，$P<0.01$，两个年度数据具有显著性差异。由此可见，体育课堂教学内容中的身体干预在生理上对学生产生了积极作用。

表8-4 生理指标对比

肺活量			
年份	性别	及格人数/人	及格率/%
2013年	男 女	6982 7965	56.9
2014年	男 女	10421 12576	90.1

(3) 身体素质指标。

由于学生在性别上的差异，男女生测试的项目有所不同，如表8-5所示，2014年的测试结果与2013年测试结果相比在身体素质方面男生及格率普遍提升，只有坐位体前屈的及格率有所下降。表8-6的数据统计结果显示，2013年和2014年的测试结果相比，具有显著性差异。

由于生理上的差异，在女生耐力素质的测试中，将1000米长跑改为800米；在力量训练中，将难度较大的引体向上改为训练腹肌力量的1分钟仰卧起坐。表8-7的统计结果显示，两个年度的测试结果相比，在身体素质方面女生的及格率有了较大幅度的提升，只有800米及格率出现了下降的趋势。表8-8的数据统计显示，2013年和2014年学生各项目成绩的及格率具有显著性差异。

表8-5 身体素质指标对比（男生）

测试项目	1000米		50米		立定跳远		引体向上		坐位体前屈	
	及格人数/人	及格率/%	及格人数/人	及格率/%	及格人数/人	及格率/%	及格人数/人	及格率/%	及格人数/人	及格率/%
2013年	8392	32.0	6982	26.6	3611	13.8	516	2.0	10441	39.8
2014年	11200	43.9	10624	41.6	6135	24.0	1208	4.7	9817	38.5

表 8-6 χ^2 检验结果（男生）

项目	自由度	χ^2	显著性
1000 米	1	$\chi^2 = 780.19$	$P<0.01$，具有显著性差异
50 米	1	$\chi^2 = 1301.51$	$P<0.01$，具有显著性差异
立定跳远	1	$\chi^2 = 894.76$	$P<0.01$，具有显著性差异
引体向上	1	$\chi^2 = 307.76$	$P<0.01$，具有显著性差异
坐位体前屈	1	$\chi^2 = 9.41$	$P<0.01$，具有显著性差异

表 8-7 身体素质指标对比（女生）

测试项目	800 米 及格人数/人	800 米 及格率/%	50 米 及格人数/人	50 米 及格率/%	立定跳远 及格人数/人	立定跳远 及格率/%	1分钟仰卧起坐 及格人数/人	1分钟仰卧起坐 及格率/%	坐位体前屈 及格人数/人	坐位体前屈 及格率/%
2013 年	12595	48.0	7965	30.3	4680	17.8	7936	30.2	13616	51.9
2014 年	6797	26.6	10684	41.7	7651	30.0	9302	36.4	13543	53.1

表 8-8 χ^2 检验结果（女生）

项目	自由度	χ^2	显著性
800 米	1	$\chi^2 = 2519.11$	$P<0.01$，具有显著性差异
50 米	1	$\chi^2 = 744.38$	$P<0.01$，具有显著性差异
立定跳远	1	$\chi^2 = 1052.10$	$P<0.01$，具有显著性差异
1 分钟仰卧起坐	1	$\chi^2 = 224.67$	$P<0.01$，具有显著性差异
坐位体前屈	1	$\chi^2 = 7.29$	$P<0.01$，具有显著性差异

第二节 关于"真义体育"的后续研究

林笑峰是体质教育流派的领军人物，为了同"大体育"中的体育概念相区别，林笑峰特地用"真义体育"一词指代"体育就是体质教育，就是完善人类身体的教育"。

2000 年后，虽然"真义体育"一直饱受争议，但是因其自身立足中国实际，加之林笑峰个人独特的学术魅力，仍有不少学者在不断回看、深思林笑峰的"真义体育"，希望能为现阶段体育发展，尤其是学校体育发展提供借鉴和启示。纵观2000年至今的研究，大致有以下两个方向：从争论的视角审视"真义体育"；从评析的视角审视"真义体育"。

一、从争论的视角审视"真义体育"

这里的争论指的是"大体育"和"真义体育"的争论。胡科和虞重干[1]认为面对"大体育"和"真义体育"的长期对峙，应该跳出体育看体育。鉴于体育作为总概念沿用多年，已经深入人心，因此不能取消该概念。此时，唯有跳出体育看体育。跳出的是"真义体育"学者执着的身体教育，看的是作为大体系、大概念的体育。"真义体育"学者将真义的体育指向身体教育，而身体教育与英文 Physical Education 又比较契合，可以将"真义体育"改称为身体教育。这样一来，身体教育指向教育、培育身体这一块；体育专指总概念，统领身体教育、身体竞技、身体娱乐等内容。兰孝国等[2]通过"语言"和"言语"、"能指"和"所指"、共时性与历时性三个维度的分析，认为在实践上将汉语的"体育"作为一级概念，对应国际上越来越流行的 Sports 概念，而将"体质教育""休闲体育""竞技体育"等并列为二级概念，从而解决二者之争。

二、从评析的视角审视"真义体育"

近20年来，对"真义体育"的研究大都从评析的视角进行。在众多研究中，最值得关注的是林笑峰的两位学生——李寿荣、陈琦，以及林笑峰的挚友、体质流派的重要人物韩丹的文章。

2007年，林笑峰年事已高，学生李寿荣对其进行了专访，后写成文章《倡行真义体育——林笑峰先生访谈录》[3]。在这篇访问记中，林笑峰简单回忆了自己几十年的学术研究经历，让我们更真实、更准确地了解"真义体育"提出的缘由及理论发展的进程，包括林笑峰与学术相关的生活经历。2009年，李寿荣

---

[1] 胡科，虞重干. 真义体育的体育争议 [J]. 南京体育学院学报，2010（4）：59-62.
[2] 兰孝国，吴永存，崔忠洲，等. "真义体育观"与"Sport（s）大体育观"之争的方法论意义：一种结构主义方法论的分析 [J]. 武汉体育学院学报，2013（11）：20-24.
[3] 李寿荣. 倡行真义体育——林笑峰先生访谈录 [J]. 体育学刊，2007（5）：1-3.

又撰文《真义体育思想谱系背后的多重博弈及价值》[1]，对林笑峰的著作《健身教育论》的深层价值给予了阐释。他在文章中指出，在《健身教育论》中，林笑峰对体育（Physical Education）与竞技（Sports）的深刻思考，揭示了"真义体育"思想谱系背后的思想根源、话语权、资源配置等的博弈，为体育健身与竞技娱乐和谐发展提供了全新的理论框架，为体育健身与竞技娱乐的丛生问题提供了破解的思路，为体育健身与竞技娱乐的相应权益分配提供了合理的利益格局。

2011年，林笑峰去世后，学生陈琦撰文《林笑峰体育思想评述》[2]来纪念、缅怀先生。该文开篇就指出，林笑峰是国内第一个系统深入阐释体育与娱乐、竞技、身体文化之间辩证关系的学者，是第一个提出加强竞技教育、建立竞技科学体系的学者。作为老一辈体育学者，林笑峰的体育思想自成一家、独具特色。林笑峰体育思想可以集中概括为辩证的"真义体育"思想、独特的健身教育思想、超前的竞技教育与竞技科学思想、创新的育人思想。

2014年，在林笑峰去世三年后，韩丹撰文《林笑峰先生体育思想评析》[3]，并附上2008年林笑峰写给韩丹的六页长信原件，用以纪念林笑峰。韩丹是一位性格直爽之人，也是一位对待学术格外严谨之人。在该文中，韩丹开篇便指出，其认为林先生的"体质教育""健身教育"从学术上来说并非很成功，其学术贡献并不是坚持或倡异"真义体育"，而是为当时封闭的体育、狭隘的体育意识开启了一扇窗户，让学者们看到了窗外的体育世界。韩丹这么评价林笑峰："我从林先生那里学到的，就是放眼看世界，突破一言堂，从而拓展了思维，开阔了视野，觉得路越走越宽了。我认为可以说林先生是当代体育思想的启蒙者或抬头看世界的第一人，其功甚伟。"韩丹还自嘲说："我不过是林先生的追随者而已，当然不是简单地追随，而是有所创造、有所前进地追随。"在该篇文章中，韩丹论述了林笑峰体育思想的总体结构或体系，并对林笑峰体育思想中几个关键专题（"体育"改"健身""体质""健身学"）进行了讨论。

除了以上三位学者，还有一些学者、学生对林笑峰的"真义体育"思想进行了系统研究。2014年，辽宁师范大学的硕士研究生宋思洋撰写了学位论文

---

[1] 李寿荣. 真义体育思想谱系背后的多重博弈及价值——林笑峰先生《健身教育论》深层价值阐释 [J]. 体育学刊，2009（12）：9-12.
[2] 陈琦. 林笑峰体育思想评述 [J]. 体育学刊，2011（6）：1-5.
[3] 韩丹. 林笑峰先生体育思想评析 [J]. 2014（1）：1-8.

《论真义体育思想的当代价值》①，围绕"真义体育的基本内涵及其思想诉求""真义体育的核心价值及其解读""当今我国体育面临的突出社会问题""真义体育观与中国体育的科学发展观""真义体育思想对当代体育发展的启示"等问题进行了深入探讨。2015年，关丽静和李宁②通过对林笑锋体育学术著作的检索与梳理，发现其学术研究主题专一、思想坚定，吸收国外体育研究理论颇多，学术思想集中体现出真、善、美、德等特点，其学术思想对推动我国体育事业发展具有重要意义。2021年，天津体育学院硕士研究生陈宁珂撰写的学位论文《林笑峰真义体育思想研究》③中不仅呈现了"真义体育"思想的形成背景，分析了其主要内容，还将"真义体育"思想的主要特征概括为完整性、人本性、先进性。同年，林笑峰的《健身教育论》再度被提及，邵天逸和李启迪④研究认为，"健身教育论"的提出是对"真义体育"的继承与发展；"健身教育论"的核心观点为：健身与体育互为依存、健身学应成为学校体育的主业、体育教学应以健身教育为本职工作；韩丹对"健身教育论"的质疑展现了他与林笑峰不同的学术追求；"健身教育论"的时代价值体现在以下三个方面：有助于唤起大众对体育功能的反思、为个人健康意识与行为的培养提供指导、为体育与健康教育的深度融合提供方案。

---

①宋思洋. 论真义体育思想的当代价值 [D]. 大连：辽宁师范大学，2014.
②关丽静，李宁. 林笑峰体育思想的特征及时代价值 [J]. 体育学刊，2015（1）：9-13.
③陈宁珂. 林笑峰真义体育思想研究 [D]. 天津：天津体育学院，2021.
④邵天逸，李启迪. 为真义体育立业：林笑峰《健身教育论》的理想追索与价值探寻 [J]. 体育学刊，2021（2）：21-27.

后 记

　　我似乎与体质教育流派有着不解之缘,而这不解之缘的关键就是林笑峰先生。

　　读硕士的时候,我第一次从导师高凤山教授那里听到林笑峰先生的名字,按理说从导师口中知道某位学者并不稀奇,但是高教授对林笑峰先生学术研究的极高评价、对林笑峰先生人品的极度赞扬,第一时间触动了我。因为在我心中,高凤山教授就是人品和学术造诣极高之人,能让高教授做出如此评价,是为何也?在我再三追问下,高教授给我讲起林笑峰先生的事迹。尽管我当时刚刚迈入研究殿堂,无法设身处地地理解林笑峰先生面临的种种困境,但此时似乎一粒种子已经悄然埋进我的心田。随后,林笑峰先生创办的《体育学刊》我每期必看,每每遇到林笑峰先生的文章,我都会一一拜读。

　　2006年,我考入北京师范大学体育与运动学院,跟随毛振明先生攻读博士学位。2012年,毛老师申请了国家社科基金重点项目《30年来中国学校体育重要理论问题研究》,我很荣幸地成为课题组成员。在分配研究任务时,毛老师让我承担"体质教育理论"方面的研究工作。我心中窃喜,因为林笑峰先生是该理论的领军人物,而我对林笑峰先生的研究甚为熟悉。

　　接到毛老师的任务后,我马上投入资料的搜集工作中。之前,对体质教育理论的了解,仅限于林笑峰的"真义体育"。但在查阅资料的过程中,一个个之前不熟悉的名字开始相继出现,徐英超、黄震、陶德悦、吴翼鉴、杨时勉、张友龙、董安生、林诗娟、韩丹、李兴文、陈智寿、曲宗湖、邓若锋等。此时,我幡然醒悟,原来体质教育不是一个人的教育主张,而是一群有血有肉、有学识、有情怀的学者彼此联系、互相支持、携手共进、共同捍卫的教育理念。之后,便有了该专题研究成果《论体质教育流派》(体育学刊,2014年第5期)和《体质教育教学实验对当今体育教学改革的启示》(体育学刊,2015年第3期)两篇论文

后　记

的发表。

然而，论文的信息承载量是有限的，尤其是在搜集了大量关于体质教育流派学者研究成果的基础上，我越发感觉两篇论文不能准确讲述体质教育流派的内涵。不仅如此，在研究过程中，我也深深地被该流派在困境中迎难而上、百折不挠的学术精神所触动。于是，写一本关于体质教育流派的书的想法油然而生，希望通过这本书纪念这段学术历史的想法越发强烈。

经过几年的构思、研讨、写作，《体质教育流派研究》一书终于完成。感谢体质教育流派的各位学者，诸位学者丰硕的研究成果为本书提供了大量详实的论证素材；感谢我的两位导师高凤山教授和毛振明教授，是两位导师的指引才让我产生了关注、研究体质教育流派的热情；感谢人民体育出版社的编辑老师，为书稿的修改提出的宝贵建议；感谢河南大学体育学院为本书的出版给予的资金支持。

万　茹

2023 年 1 月 1 日

参考文献

[1] 顾明远．教育大辞典［M］．上海：上海教育出版社，1998．

[2] 孙孔懿．论教育家［M］．北京：人民教育出版社，2006．

[3] 郎京伯，滕英超．中学语文教坛风格流派录［M］．辽宁：辽宁教育出版社，1989．

[4] 崔乐泉、杨向东．中国体育思想史（现代卷）［M］．北京：首都师范大学出版社，2008．

[5] 李晋裕．学校体育史［M］．海口：海南出版社，2000．

[6] 洪明．现代新儒学教育流派研究［M］．广州：广东教育出版社，2009．

[7] 杨贵仁．中国学校体育改革的理论与实践［M］．北京：高等教育出版社，2006．

[8] 林笑峰．健身教育论［M］．长春：东北师范大学出版社，2008．

[9] 王学政．体育概论［M］．上海：商务印书馆，1945．

[10] 总参谋部编写组．贺龙传［M］．北京：当代中国出版社，1993．

[11] 徐英超．体质教育研究初论［Z］．1983．

[12] 徐英超．体育实践与理论（第二稿）［Z］．1978．

[13] 杨文轩，林笑峰，郑俊武，等．体育学原理论著选读［M］．广东：广东高等教育出版社，1996．

[14] 傅小悌．教学流派理论初探［J］，中国教育学刊，1998（4）：43-45．

[15] 孙孔懿．对教学流派未来发展的积极期盼［J］，江苏教育，2010（1）：125-127．

[16] 成尚荣．教育流派及其研究的文化阐释——以苏派教育研究为例［J］．中小学管理，2016（6）：4-7．

[17] 成尚荣．当下教学改革发展的态势与教学流派产生的可能［J］．教育研究，2008（3）：73-78．

[18] 苏春景．从教学模式改革到教学流派生成——基于尝试教学理论流派形成的个案研究［J］，中国教育学刊，2012（10）：45-48．

[19] 吴恒山．当代教学理论的发展与主要流派［J］．辽宁教育，2012（23）：28-31．

[20] 张正君．当代语文教学流派形成和揭因［J］．学科教育，1999（7）：20-23．

[21] 李如密．教学流派若干问题的探析——兼谈对苏派教学的认识［J］，江苏教育，2018

(66)：72-75.

[22] 苏竞存．政治学习和我的教学研究工作［J］．新体育，1950（5）：9.

[23] 冯文彬．使新中国的体育运动成为经常的广泛的运动［J］．新体育，1951（12）：2.

[24] 荣高棠．为国民体育的普及和经常化而奋斗［J］．新体育，1952（21）：16.

[25] 熊晓正．从"普及与提高相结合"到"各类体育协调发展"［J］．体育文史，1997（5）：18.

[26] 张军献．一位老教育工作者眼中的体育——吴翼鉴先生访谈札记［J］．体育学刊，2011（2）：1-4.

[27] 林笑峰．体育跟娱乐、竞技等文化活动相区别的问题［J］．江苏体育科技，1981（4）：14-17.

[28] 谷世权．二十年前的一场争论——忆1982年"烟台会议"［J］．体育文化导刊，2002（3）：85-86.

[29] 林笑峰．对"科学体育"的一些看法［J］．国家体委体育工作情况反映，1979（16）：9.

[30] 陈融．试析真义体育观、大体育观的特征与分歧［J］．西安体育学院学报，1999（4）：1-5.

[31] 林笑峰．"真义体育"之真义——兼答熊晓正同志质疑［J］．体育文史，1996（6）：6-8.

[32] 徐英超．体育实践与理论（第二稿）［Z］．，1978.

[33] 李寿荣．倡行真义体育——林笑峰先生访谈录［J］．体育学刊，2007（5）：1-3.

[34] 林笑峰．世界体育科学化的动向和我们的新使命［N］．体育报，1979-09-17.

[35] 林笑峰．拨开"金字塔"上的迷雾［J］．教育科学研究，1990（1）：11-14.

[36] 黄震．释体育说竞技［J］．体育学刊，1995，2（1）：32-33.

[37] 古柏．20世纪最后十年中国体育改革回顾——伍绍祖同志采访记［J］．体育学刊，2007，14（1）：1-4.

[38] 徐英超．两亿接班人的中小学体质教育需要调查研究［J］．北京体育大学学报，1979，2（3）：1-7.

[39] 陈琦．林笑峰体育思想评述［J］．体育学刊，2011（6）：1-5.

[40] 黄震．学校体育的重点是增强学生的体质［J］．上海高教研究，1983（10）：122.

[41] 黄震．改进高等学校的体育卫生管理之我见［J］．武汉体育学院学报，1983（3）：2，8-13.

[42] 黄震．体育要培养学生锻炼身体的能力［J］．体育学通讯，1991（1）：77.

[43] 黄震．泛谈学校体育的体质教育［J］．体育学刊，1999（1）：3-4.

[44] 陶德悦．"体育"与"运动"不能混淆——谈谈"发展体育运动，增强人民体质"［J］．福建体育科技，1982（3）：33-35.

[45] 陶德悦．实事求是，按各自的规律办运动竞技与体育［J］．体育学通讯，1991（1）：7-8.

[46] 陶德悦．体育名词和要领的遐想［J］．体育师友，1994（5）：42.

[47] 陶德悦. 我赞赏福建的健身教育实验 [J]. 体育学刊, 1995 (2)：4-5.

[48] 吴翼鉴. 关于"体育"概念讨论的意义何在？[J]. 武汉体育学院学报, 1983 (2)：52-55.

[49] 吴翼鉴. 发展体育运动究竟是为了什么？——也谈中国体育要走出误区 [J]. 体育师友, 1994 (4)：39-41.

[50] 吴翼鉴. 体育目的问题之我见 [J]. 体育学刊, 1995 (3)：19-21, 35.

[51] 吴翼鉴. 论科学体育观的形成与发展——兼析体育思想正误碰撞的历程 [J]. 体育学刊, 1996 (1)：38-42.

[52] 吴翼鉴. 试论体育与教育 [J]. 教育学术月刊, 1996 (3)：18-22.

[53] 吴翼鉴. 增强人的体质, 是体育无"人"吗？——与"人文体育观渐入与生物体育观淡出"的商榷 [J]. 体育学刊, 1999 (3)：1-2.

[54] 吴翼鉴. 《我心中的理想体育》质疑 [J]. 体育学刊, 2003 (1)：18-20.

[55] 吴翼鉴. 各司其职比翼齐飞——伍绍祖同志答记者问读后感 [J]. 体育学刊, 2007 (4)：17-18.

[56] 杨时勉. 试论"体质教育"与"体育教学"[J]. 体育教学与训练, 1980 (4)：42-44.

[57] 杨时勉. 对中小学校体育改革的几点设想 [J]. 学校体育, 1984 (1)：9-11.

[58] 杨时勉. 体育教学应以增强体质为主 [J]. 学校体育, 1987 (2)：45.

[59] 张友龙. 全面发展教育中的体育 [J]. 上海体育学院学报, 1982 (4)：8, 9-12.

[60] 张友龙. 略论学校体育的几个基本问题 [J]. 广州体育学院学报, 1983 (1)：109-117.

[61] 张友龙. 试论学校体育在国民体育中的位置及其目标 [J]. 武汉体育学院学报, 1983 (3)：56-58.

[62] 张友龙. 学生体质评价办法的研究 [J]. 湖南师范大学自然科学学报, 1983 (2)：85-89.

[63] 张友龙. 对面向现代化改革体育教学的认识 [J]. 中国学校体育, 1985 (3)：34-36.

[64] 张友龙. 体育的真义与真义体育 [J]. 中国学校体育, 1989 (2)：59.

[65] 张友龙. 对当前我国学校体育改革若干基本问题的思考 [J]. 体育学通讯, 1991 (2)：1-7.

[66] 张友龙. 体育教学思想与体育方法要义 [J]. 体育师友, 1991 (3)：40-41.

[67] 张友龙. 对运动竞技的思辨 [J]. 体育教学与训练, 1992 (2)：30-31.

[68] 张友龙. 健身文化研究序语 [J]. 体育学刊, 1995 (2)：10.

[69] 张友龙. 体育方法释要 [J]. 体育学刊, 1999 (2)：47-48.

[70] 董安生. 苏联酝酿创建身体文化理论的情况 [J]. 体育学通讯, 1987 (1)：61-62.

[71] 董安生. 体育一词的由来与我国体育用语的状况 [J]. 山西大学学报, 1987 (2)：61-62.

[72] 董安生. 运动文化教材化——体育教材建设中的一个需要解决的问题 [J]. 山西大学学报, 1988 (4)：103-104.

[73] 董安生. 体育一词的由来与我国体育用语的状况 [J]. 山西大学学报, 1987 (2): 83-84.

[74] 林诗娟. 关于我国学校体育的若干设想 [J]. 武汉体育学院学报, 1984 (2): 81-85.

[75] 林诗娟. 介绍一门新兴学科——体育方法学 [J]. 武汉体育学院学报, 1985 (1): 20.

[76] 林诗娟. 坚持"三个为主"开创学校体育新局面 [J]. 武汉体育学院学报, 1985 (4): 43-47.

[77] 林诗娟. 关于学校体育过程的分析 [J]. 武汉体育学院学报, 1986 (3): 9-12.

[78] 林诗娟. 体育、身体娱乐、竞技 [J]. 体育学通讯, 1987 (1): 56-57.

[79] 林诗娟. 冲破运动教学的关隘,推进体育科学化的里程 [J]. 首都体育学院学报, 1989 (2): 49-53.

[80] 林诗娟. 关于中小学体育改革和体育课程建设问题的思考 [J]. 体育教学, 1990 (2): 9-14.

[81] 林诗娟. 论体育运动 [J]. 武汉体育学院学报, 1995 (4): 5-7.

[82] 林诗娟. 论健身课的特点 [J]. 体育学刊, 1998 (3): 6-8.

[83] 林诗娟. 改革就要这样的气度 [J]. 体育学刊, 1999 (4): 11-12.

[84] 韩丹. 论体育、育体和人体科学——关于体育在教育中地位、作用的新思考 [J]. 体育学刊, 1995 (1): 56-60.

[85] 韩丹. 论 Sport 不是体育——以《简明不列颠百科全书》为据 [J]. 体育学刊, 1996 (4): 45-48.

[86] 韩丹. 论中国体育: 一分为三 [J]. 体育与科学, 1999 (2): 41-45.

[87] 韩丹. 论斯泡茨 (sports) 与体育 [J]. 山东体育学院学报, 1999 (2): 6-14, 38.

[88] 韩丹. 国际规范性体育与运动的基本概念解说 [J]. 体育与科学, 1999 (3): 44-49.

[89] 韩丹. 国际规范性体育与运动的基本概念解说（续一）[J]. 体育与科学, 1999 (4): 8-14.

[90] 韩丹. 国际规范性体育与运动的基本概念解说（续二）[J]. 体育与科学, 1999 (5): 20-22.

[91] 韩丹. 国际规范性体育与运动的基本概念解说（续完）[J]. 体育与科学, 1999 (6): 15, 60-62.

[92] 韩丹. 论斯泡茨文化与体育文化 [J]. 山东体育学院学报, 2000 (1): 5-10, 16.

[93] 韩丹. 论"体育"词的多义理解 [J]. 体育与科学, 2001 (1): 20-23.

[94] 韩丹. 俄（苏）体育的基本概念和基本原则 [J]. 体育学刊, 2001 (2): 14-17.

[95] 韩丹. 论我国学校体育新世纪的新纪元 [J]. 体育学刊, 2000 (1): 2-5.

[96] 韩丹. 续论"体育"词的多义理解 [J]. 体育与科学, 2001 (6): 3-6.

[97] 韩丹. 辨析体育的共性与整体——答熊斗寅同志的商榷之一 [J]. 体育与科学, 2004 (4): 5-9.

[98] 韩丹. 谈"安德鲁斯三角形"对我国体育的误导——兼答熊斗寅同志的商榷之二 [J]. 体育与科学, 2004 (5): 20-24, 39.

[99] 韩丹. 阿诺德绝非"现代体育之父"——兼答熊斗寅同志的商榷之三 [J]. 体育与科学, 2005（2）: 14-18.

[100] 韩丹. "体育"就是"身体教育"——谈"身体教育"术语和概念 [J]. 体育与科学, 2005（5）: 8-12.

[101] 韩丹. 论体育的本原和发展 [J]. 体育与科学, 2005（6）: 1-8.

[102] 韩丹. 谈体育概念的源流演变及其对我们的体育认识和改革的启示 [J]. 体育与科学, 2010（4）: 1-8.

[103] 韩丹. 论"体育" [J]. 体育与科学, 2011（3）: 1-10.

[104] 韩丹. 对我国体育认识和概念演变之起源的探讨 [J]. 体育与科学, 2012（1）: 1-9, 55.

[105] 韩丹. 论体育概念之研究 [J]. 体育与科学, 2012（6）: 1-11.

[106] 韩丹. 林笑峰先生体育思想评析 [J]. 哈尔滨体育学院学报, 2014（1）: 1-12.

[107] 韩丹. 纵论中国体育：特征、概念、历史和转型 [J]. 体育与科学, 2014（6）: 1-13, 20.

[108] 韩丹. 揭秘我同林笑峰暮年的体育学术协同战斗（一）[J]. 哈尔滨体育学院学报, 2014（6）: 1-5.

[109] 韩丹. 揭秘我同林笑峰暮年的体育学术协同战斗（二）[J]. 哈尔滨体育学院学报, 2015（1）: 1-6, 97-98.

[110] 韩丹. 论体育源起和体育概念的源流演变 [J]. 哈尔滨体育学院学报, 2016（4）: 1-9.

[111] 曲宗湖. 改革学校体育教学工作增强学生体质——保证初中学生每天一学时体育锻炼的实验（连载）[J]. 江苏体育科技, 1982（2）: 12-19.

[112] 曲宗湖. 改革学校体育教学工作增强学生体质——保证初中学生每天一学时体育锻炼的实验（续完）[J]. 江苏体育科技, 1982（3）: 17-21.

[113] 曲宗湖. 中学生一天一学时体育锻炼的内容、方法、教学程序的实验方案 [G]. 中华人民共和国第一届大学生运动会学校体育科研交流会论文选编, 1982.

[114] 曲宗湖. 重温"每天锻炼一小时"——有感于一篇30年前的论文 [J]. 体育教学, 2011（11）: 34-35

[115] 陈智寿. 改革体育课程 提高育身效益 [J]. 中国教育学刊, 1991（6）: 33-36.

[116] 王振三, 陈智寿. 体育教学整体改革追踪实验 [J]. 体育教学, 1992（3）: 31-33.

[117] 陈智寿. 学校体育教育必须大力改革 [J]. 群言, 1994（11）: 81-90.

[118] 陈智寿. 体育课程传授运动文化的目标是什么？[J]. 体育学刊, 1995（1）: 67.

[119] 陈智寿. 学校体育整体改革的探索 [J]. 体育学刊, 1998（3）: 4-5.

[120] 陈智寿. 试论健身锻炼的主要原理 [J]. 福建体育科技, 1998（6）: 16-19.

[121] 陈智寿. 专题Ⅳ体育课和运动课问题 [J]. 体育学刊, 1998（4）: 102-103.

[122] 陈智寿. 对体育中几个关键词的讨论 [J]. 福建体育科技, 2007 (1): 9-12.

[123] 陈智寿. 对体育中几个概念的讨论 [J]. 体育学刊, 2007 (2): 12-15.

[124] 陈智寿. 我的体育课程改革之路——纪念林笑峰先生逝世一周年 [J]. 体育学刊, 2012 (3): 13-16.

[125] 邓若锋. 把增强体质健身知识技能作为体育课主教材的经验和体会 [J]. 体育学刊, 1999 (3): 69-71.

[126] 邓若锋. 小学健身知识技能课堂教学设计 [J]. 体育学刊, 1999 (5): 18-19.

[127] 邓若锋. 健身知识技能教学的实验总结 [J]. 体育学刊, 1999 (5): 12-17, 19.

[128] 邓若锋. 小学体育教材改革的实验研究——对构建小学健身知识技能教材内容的多因素分析 [J]. 体育与科学, 2001 (4): 73-76.

[129] 邓若锋. 高中健身知识技能教材内容的构建 [J]. 体育学刊, 2008 (9): 71-74.

[130] 邓若锋. 从关注生命到生命体验——采用体验性学习方式进行健身知识技能教学 [J]. 体育师友, 2008 (6): 17-18.

[131] 邓若锋. 试述健身知识技能教学的课型特征 [J]. 体育师友, 2010 (3): 40-41.

[132] 邓若锋. 健身知识技能教学及操作例析 [J]. 体育教学, 2011 (7): 23-24.

[133] 邓若锋. 提高体育教学质量与健身知识技能——对实施《课程标准》的教学内容探讨 [J]. 中国学校体育, 2012 (11): 31-34.

[134] 邓若锋. 高中体能模块的教学方案设计与实施 [J]. 中国学校体育, 2018 (11): 15-16.

[135] 邓若锋. 高中体能模块的教学内容构建与实施 [J]. 中国学校体育, 2020 (8): 26-28.

[136] 韩丹. 谈体育文化学与身体文化 [J]. 体育与科学, 1986 (6): 7-8.

[137] 韩丹. 论运动和体育的辩证关系 [J]. 哈尔滨体育学院学报, 1986 (2): 1-8.

[138] 李兴文, 宛祝平, 方立. 体质教育研究 [J]. 东北师大学报（自然科学版）, 1981 (1): 81-90.

[139] 郭秀文, 梁诚, 张连磊. 徐英超教育思想与理论体系的再审思 [J]. 北京体育大学学报, 2020 (7): 135-144.

[140] 徐迪生, 徐括, 骆达. 徐英超体育实践与体育思想 [M]. 北京: 北京体育大学出版社, 2018.

[141] 连宁. 徐英超: 才望远扬的体育教育家 [J]. 文化史料, 1984 (8): 196.

[142] 徐英超. 苏联体育的几点介绍 [J]. 新体育, 1951 (1): 11-14.

[143] 胡科, 虞重干. 真义体育的体育争议 [J]. 南京体育学院学报, 2010 (4): 59-62.

[144] 卢忠谨, 邵华. 关于"体质教育"思想实践的特点与反思 [J]. 北京体育大学学报, 2000 (1): 95-97.

[145] 王水泉, 辛志友, 李海燕. 辨析"体质教育论"——兼论"身体教育"的发展 [J]. 体育与科学, 2009 (3): 97-100.

[146] 彭小伟，杨国庆．体质教育流派审思——基于中层理论视角的分析［J］．沈阳体育学院学报，2016（5）：88-92.

[147] 张连磊，梁诚，孙国涛．体质教育思想的演变及当代价值［J］．体育文化导刊，2021（8）：103-109.

[148] 邵天逸，王倩，吴勉，等．体质教育思想脉络梳理、问题廓清与价值确认［J］．体育学刊，2023（1）：7-13.

[149] 邵天逸，李启迪．身体关怀：徐英超体质教育思想的形成动因内在逻辑与当代启示［J］．沈阳体育学院学报，2020（3）：23-28.

[150] 丁剑翘，郭永，冯青山，等．高校"体质"教育教学改革研究——以山西省大同大学为例［J］．中国学校体育，2015（7）：47-52.

[151] 兰孝国，吴永存，崔忠洲，等．"真义体育观"与"Sport（s）大体育观"之争的方法论意义：一种结构主义方法论的分析［J］．武汉体育学院学报，2013（11）：20-24.

[152] 李寿荣．倡行真义体育——林笑峰先生访谈录［J］．体育学刊，2007（5）：1-3.

[153] 李寿荣．真义体育思想谱系背后的多重博弈及价值——林笑峰先生《健身教育论》深层价值阐释［J］．体育学刊，2009（12）：9-12.

[154] 陈琦．林笑峰体育思想评述［J］．体育学刊，2011（6）：1-5.

[155] 宋思洋．论真义体育思想的当代价值［D］．大连：辽宁师范大学，2014.

[156] 关丽静，李宁．林笑峰体育思想的特征及时代价值［J］．体育学刊，2015（1）：9-13.

[157] 陈宁珂．林笑峰真义体育思想研究［D］．天津：天津体育学院，2021.

[158] 邵天逸，李启迪．为真义体育立业：林笑峰《健身教育论》的理想追索与价值探寻［J］．体育学刊，2021（2）：21-27.

[159] 闫士展，傅建，王若光．从"提高体质"到"立德树人"：扬州会议的历史回顾与学校体育改革的新转向——熊斗寅、曲宗湖、李习友和施永凡学术访谈录［J］．体育与科学，2019（4）：9-17.

[160] 曲宗湖．怀念我的导师、老共产党员徐英超教授［J］．中国学校体育，2011（7）：16-17.